ロジャーズの
中核三条件
●●●

共感的理解

カウンセリングの本質を考える ③

Empathic
Understanding

野島一彦 ──［監修］

三國牧子・本山智敬・坂中正義 ──［編著］

創元社

Introduction

坂中正義・本山智敬・三國牧子

　心理臨床に携わる者にとって、カウンセラーの本質的態度としてのロジャーズの"中核三条件"（一致、無条件の積極的関心、共感的理解）は、臨床実践の基盤をささえるものとして広く認知されている。また、この態度は、カウンセラーのみならず、あらゆる対人援助職に共通して必要な態度条件であるともいわれている。しかし、有名であるが故に基礎的知識として学びはするものの、どれだけの人がこの態度条件と真摯に向き合い、その意味を深く理解しているであろうか。

　このような風潮を危惧してか、最近、"中核三条件"についての学会誌での特集やシンポジウムなどが増えている。喜ばしいことである。ロジャーズの"中核三条件"の一つひとつを丁寧に捉え直していくことは、一見、懐古的なようで、逆に新鮮な問題提起となるであろう。そのようなことを意図して、2011年初頭から編者のあいだで暖めてきたのが本シリーズである。

　本シリーズの構成について述べる前に、"中核三条件"について簡単に言及しておきたい。そもそも"中核三条件"とは、人間性心理学のひとつであるパーソンセンタード・アプローチを発展させたカール・ロジャーズが1957年に提示した「治療的パーソナリティ変化のための必要十分条件」の六条件のうち、カウンセラーの態度に関わる第3条件、第4条件、第5条件をピックアップしたものである。Rogers(1957)が提示した六条件は以下の通りである。

---

(1) 二人の人が心理的な接触をもっていること。
(2) 第一の人（クライエントと呼ぶことにする）は、不一致の状態にあり、傷つきやすく、不安な状態にあること。
(3) 第二の人（セラピストと呼ぶことにする）は、その関係のなかで一致しており、統合していること。
(4) セラピストは、クライエントに対して無条件の積極的関心を体験していること。
(5) セラピストは、クライエントの内的照合枠に対する共感的理解を体験しており、この体験をクライエントに伝えようと努めていること。
(6) セラピストの体験している共感的理解と無条件の積極的関心が、最低限度クライエントに伝わっていること。

（坂中, 2014より）

以下、"中核三条件" について、その概要を述べる。なお、いずれの態度もいくつかの表記があるが、本シリーズでは統一した表記を用いる。そのために編者間で行った議論もここで示す。

* * * * *

第3条件が《一致》である。

セラピストはクライエントとの関係での自己の内的な体験に気づき、ありのままの自分でいようとする。つまり、関係のなかでセラピストが体験していること（体験レベル）と、意識していること（意識レベル）とが一致しているということである。

このように書くと、セラピストはあたかも模範的人間でなければならないように聞こえるかもしれないが、実際はそうではない。セラピストの体験には「このクライエントの話が聴けない」とか、「自分はこの人のことを怖がっている」といったマイナスの感情が含まれることもあろう。しかし、こうした体験を自分の意識に否定せずに、純粋で偽りのない姿でいようとすることが大切なのである。

またここで誤解してはいけないのは、セラピストが自分の感情の全てを包み隠さずクライエントに伝えることが一致の態度なのではない、ということである。クライエントに伝えるかどうか、伝えるとすればどのように伝えるかを、これまた自分の内的体験を丁寧に吟味しながら考えていくことそれ自体が、この態度条件の本質だといえる。このようにクライエントとの間に真実の関係を作ろうとするセラピストの態度に触れ、クライエントは少しずつ自分のなかの真実に目を向け、探求するようになるのである。

　なお、本書では《一致》と表記する。この態度は〈自己一致〉と表記されることも多いが、この表記は、この態度のもつ「セラピストとクライエントの関係のなかでの」という特質を適切に表していないと編者は考えた。〈自己一致〉といってしまうと、どこかクライエントの文脈が外れて、あたかも一般的な「セラピストのあるべき姿」として語っているかのように感じられる。また、「伝える」という側面を強調するような用語として、日本では染み付いている感じがするので、そこから脱却したいという思いも込めている。

　第4条件が《無条件の積極的関心》である。
　カウンセリングでは、クライエントの「ここではどんなことを話しても大丈夫な場である」という感覚が大切である。それは「心理的に安全な雰囲気・関係づくり」とかかわっている。そのためには、カウンセラー自身の「良い」「悪い」といった価値判断を脇において、評価せずにその人そのものへ積極的な関心を持つことが大切である。

　日頃の人間関係は「あなたが私の意見と同じ場合には関心を向けますよ」といった、条件付きの関心であることが多い。しかし、カウンセリングでは、クライエントへ積極的関心を持つことに何の条件も存在しない、そのようなカウンセラーの在り方が《無条件の積極的関心》である。

　評価せずにとは、否定しないことは言わずもがなであるが、肯定することも同様に評価とみなす。そういった話の内容にとらわれず、相手そのものを聴くことがこの態度である。虚心坦懐に相手に耳を傾ける、その人の

存在を大切にするともいいかえられよう。この態度は、クライエントの受け入れられているという実感につながり、この場の安全感を醸成する。また、カウンセラーにどう評価されるか（ひいては、他者にどう評価されるかにつながる）ではなく、自分自身は何を体験し、感じているのかという自身との対話を促進する。

なお、本書では《無条件の積極的関心》と表記する。この態度は英文では"Unconditional Positive Regard"であるが、PositiveとRegardの訳の組み合わせから、〈無条件の積極的関心〉〈無条件の肯定的関心〉〈無条件の積極的配慮〉〈無条件の肯定的配慮〉の四つの表記がある。

「肯定的」ではなく「積極的」としたのは、「肯定的」は、支持、励ましといった誤解とつながる懸念からである（もちろんこの場合の「肯定的」は、人格のあらゆる面を深い部分で取捨選択なく「みとめる」という意味であり、その説明にも一定の理解はもっている）。

「配慮」でなく「関心」としたのも、ほぼ同様の理由で、中立的なニュアンスの強い「関心」を使うこととした。

なお、この態度を単純に〈受容〉と表現することがある。この用語は日常的で分かりやすいが、それゆえ誤解を受けるおそれがあること、また、《無条件の積極的関心》に比べ、多義的であることから、本文中では用いないこととした。ただし、あまりに流布した用語であることは考慮して、分冊タイトルには並記した。

第5条件が《共感的理解》である。

《共感的理解》は、カウンセラーがクライエントの話を理解していることを示すために、とても大切な役割を果たしている。クライエントはカウンセラーに話をする。そして、カウンセラーはその話を聴き、クライエントの生きている世界、感じている現実、考えや感情的な部分などを、クライエントの感じているままに理解しようと努める。そしてカウンセラーは、クライエントの言葉を用いて、時にはカウンセラー自身の言葉に代えてその理解をクライエントに伝える。

多くのクライエントは「自身の話をわかってもらいたい」「自分のことを知ってもらいたい」と願っており、カウンセラーが共感的理解を示すこと

により、クライエントが「カウンセラーに分かってもらえた」「知ってもらえた」と感じることが可能となる。そしてこのような感じは、クライエントが自身をより理解したり、新しいことや困難な事に直面したりする時に、自分ひとりで行うのではなく、カウンセラーが共に自身の困難な選択に付き合ってくれると感じ、より大きなステップを歩む手助けとなる。またカウンセラーによる《共感的理解》は、クライエントのカウンセリングのプロセスを促すことに役立っている。そしてクライエントがより自分自身を理解することとなる。

　なお、本書では《共感的理解》と表記する。この態度は〈共感〉と表記することもあるが、「共感」という言葉はあまりに日常化され過ぎており、それゆえ、日常的に使っているものと混同されることが懸念される。また、この態度では、クライエントを「理解」しようとする姿勢が大切であり、「理解」という言葉を伴って初めて正確に表現できると考えるからである。

＊＊＊＊＊

　本シリーズは、単なる"中核三条件"の解説・入門書にとどまらず、新たな視点に触れられるように構成を検討した。よって次のような意図をもって編集されている。

- 入門書ではないが、初学者にも配慮した構成とする。
- 心理臨床家をはじめとする対人援助職にとって、自分の実践を振り返る機会となるような内容とする。
- 単なる理論紹介ではなく、実践に根ざした論も盛り込む。
- 海外のロジャーズ派心理臨床家の論考も紹介する。
- ロジャーズ派だけでなく、他学派からみた中核3条件論も収録する。

　以上をふまえ本シリーズは、《一致》《受容：無条件の積極的関心》《共感的理解》の三分冊とし、各分冊は基礎編、発展・実践編、特別編の三部構成とした。

　基礎編では、その分冊で取り扱う態度条件についての基礎的な知見を編

者が解説している。

　発展・実践編では、その分冊で取り扱う態度条件についての発展的な議論や実践面での論考を収録した。いずれもフォーカシングやエンカウンター・グループも含む、パーソンセンタード・アプローチにおける第一人者に執筆いただいた。

　特別編では、海外のパーソンセンタード・アプローチ実践家や、他学派の先生方からそれぞれ一名ずつ"中核三条件"についてご寄稿いただくことができた。

　巻末に掲載されている監修者へのインタビューは、編者三名で行った当該分冊の監修者との質疑の記録である。紙面が許せば全内容を掲載したいところであるが、ここでは本シリーズの趣旨に則って、"中核三条件"に関わる部分の抜粋を掲載した。

　なお、パーソンセンタード・アプローチの実践面の広がりも考慮し、心理臨床も含む、教育や看護等の様々な領域で活躍されている方々からの"中核三条件"にまつわるコラムも収録した。

　巻末には、パーソンセンタード・アプローチに関わる基本文献リストとして機能させるべく、本シリーズで引用された文献を三分冊共通で掲載した。

　このシリーズがきっかけとなり、カウンセラーのみならず、教員・看護師・保育士など多くの対人援助職において、"中核三条件"が示している「どうあるか」という援助者のありようや、援助者-被援助者との関係性に光があたることを願う。

　最後に本書の企画段階から積極的にご賛同くださった創元社と、刊行に向けて、一貫して企画をまとめ、粘り強く作業を続けていただいた、編集部の津田敏之さん、宮﨑友見子さんに厚く御礼申しあげたい。お二人には、時に編集作業が停滞し、ハラハラさせたのではないかと推察するが、そんな時もしっかりと伴走していただけた。このような「編者センタード」編集者と出会えたことにこころから感謝したい。

目次

Introduction i

基礎編

共感的理解をとおして 4
三國牧子

発展・実践編

プロセスとしての共感的理解 22
－インタラクティブ・フォーカシングで身につける－
近田輝行

見立てという行為と共感的理解 31
髙橋紀子

feelingをベースとする共感的理解 41
永野浩二

共感、その個別性 57
森川友子

「共感」について緩やかにとらえてみる 71
下田節夫

特別編

海外からの寄稿

愛情：三条件との関係 ……… 86
スザン・キーズ（三國牧子・中鉢路子監訳／梶原律子訳)

他学派からみた中核三条件

いまこそ問われる態度条件 ……… 102
山﨑信幸

コラム

保育園という現場からの考察 ……… 40
本田幸太郎

企業研修講師としての"中核三条件"への関わり方 ……… 69
寺田正美

自分になるということ ……… 99
小野京子

聴いて学ぶ　中核三条件 ……… 107
これからの心理臨床に必要な三条件——グループ体験も視野に
野島一彦

文献 ……… 115
索引 ……… 129

永遠のグランド・キーワード ……… 137
——あとがきにかえて

ロジャーズの中核三条件
〈共感的理解〉

カウンセリングの本質を考える③

基礎編

Empathic Understanding

共感的理解をとおして

三國牧子

> 祖母の老人介護をしている母親と自分の体験談を話している日本人の参加者。
> それをこれから英語に通訳する私。
> でも彼が話している内容が頭に入ってこない。
> それでも私はどこかで安心している。
> 彼の言葉がお腹に入って行く感じがする。
> 彼が話を終えた。
> 私が通訳する番。
> 彼の話が英語で口から出てくる。それと同時に涙も出て来た。

　これはある国際エンカウンター・グループでの私の体験である。参加者はイギリス人と日本人で、私は通訳としてグループに参加していた。私が彼の言葉を英語で表現しているとき、自然に涙が流れた。話をした男性は涙を流してはいなかった。グループ終了後彼が私のもとに来て、『三國さん、ありがとう。僕、泣けなかったんだ』と言った。また他の日本人参加者は『共感的理解を見せてくれてありがとう』という言葉をくれた。このときの私は、自分の通訳が《共感的理解》と結びついてはいなかった。

共感的理解とは

《共感的理解》はこのシリーズの他の条件である《無条件の積極的関心》や《一致》と同様にRogersによって1957年に発表された論文「建設的人格変化のための必要十分条件」で定義されている、カウンセラーに求められる態度条件である。この条件の5つ目と6つ目が《共感的理解》に関する条件である。

Rogers（1957）によると、「建設的人格変化のための必要十分条件」は、

① 二人の人が心理的な接触をもっていること。
② 第一の人（クライエントと呼ぶことにする）は、不一致の状態にあり、傷つきやすく、不安な状態にあること。
③ 第二の人（セラピストと呼ぶことにする）は、その関係のなかで一致しており、統合していること。
④ セラピストは、クライエントに対して無条件の積極的関心を経験していること。
⑤ セラピストは、クライエントの内的照合枠を共感的に理解しており、この体験をクライエントに伝えようと努めていること。
⑥ セラピストの共感的理解と無条件の積極的関心が、最低限クライエントに伝わっていること。

と、ある。この条件によると、《無条件の積極的関心》と同様、《共感的理解》はクライエントに最低限伝わっていないといけない。つまり、カウンセラー側が「自分はクライエントを共感的に理解をしている」と思っているだけでは、共感的理解でもない。

〈内的照合枠〉とは、岡村によると以下のように記されている。

「クライエントが自分自身の体験のなかにどう気がついているか」「クライエントの私的世界」「クライエントには何がどう見えているか」「クライエントがほとんど気づいていないクライエントの体験の

意味」なのです。内的照合枠は、その瞬間においてそのひとの気づきにもたらされる可能態にある体験の全領域、意識にもたらされる可能態にある感覚・知覚・意味・記憶などの全領域を言います。(岡村1999, p.134)

　私たちはそれぞれ自分自身を通して感じ、体験している。同じ場所に居て、同じものを聞いたり、見たりしている人であっても異なることを感じ、体験をしているかもしれない。しかし、ひとつひとつの体験は、私たち異なるひとりひとりにとっての現実なのである[*1]。私の体験している現実は、共にその場を共有している他の人が体験している現実と全く同じということはない。だからカウンセラーはクライエントの見ている現実を知り、その視点から共感することが大切なのである。以前、イギリス人のパーソンセンタード・アプローチ臨床家が、来日し学生に"三条件"を話してくれたことがある。そのとき彼女が使った表現で、'put oneself in someone's shoes' という言葉があった。これは「〜の立場で考える」という表現であるが、《共感的理解》と〈内的照合枠〉を考えるのに分かりやすい表現だと思う。これを直訳すると「人の靴を履く」という訳になる。
　10cmのピンヒールを履いた人は不安定な足下、でも背が高くなったように感じ、見える景色も少し良い。スニーカーだと足下の安定感は得られる。でも、10cmのピンヒールを履いているときのような景色は得られない。クライエントの履いている靴を履いてみる、そしてそこから見える世界を考える、しかしカウンセラーはずっとこの靴を履いている訳ではないし、靴の履き心地はいつも履いている靴との比較で感じる。だから本当にはクライエントの靴の履き心地は分からない。'as if...'（あたかも〜のように）の感覚を忘れないでいる事が大切なのである。
　'as if...'の感覚がない他者への《共感的理解》は、共感的に相手を理解しようとしているのでなく、同情である。クライエント自身になったつもりになることの方が、親切で、相手を思っていると感じるかもしれない。「つもり」はつもりであって、他者には絶対になれないのである。しかし、クライエントの気持ちを共に感じようとすることはでき、それが大切なので

ある。1957年の論文のなかの〈共感〉をRogersは〈共感の状態 the state of empathy〉と表現している。

> 共感の状態（あるいは共感的である）は、あたかもその人のように、でも「あたかも」の感覚を決して失わずに、正確にそして、感情的な構成要素と意味を持って他者の内的照合枠を正確に経験することです。
> （Rogers 1957）

Rogersはその後、〈共感〉についての考え方を変えた。「それが状態よりプロセスであると思っているので、私は〈共感の状態〉とはもはやしていません」（Rogers 1975）。この《共感的理解》の捉え方の変化は、Gendlinによって言われていた「体験していること experiencing」の概念に大きく影響されていたとRogers本人も言っている。「体験していること」としての《共感的理解》の例としてエンカウンター・グループでの一場面を紹介している。

> 一人の男性がエンカウンター・グループのなかで父親に対するあいまな否定的感情を表現しました。ファシリテーターは、『お父さんに対して怒っているように思えますが……』と伝えると、彼は『違う。そうは思えない』『じゃあ、お父さんに不満を感じている？』『う〜ん、たぶん』（その声ははっきりとしてはいない）『お父さんに失望している』というファシリテーターの発言に対して、彼は素早く『それだ！ わたしは父が強い男で無いことに失望しているんだ。子どもの頃からずっと父に対して失望していたんだ』（Rogers 1975）[*2]

ファシリテーターは「怒っている」、「不満を感じている」という表現でその男性の父親に対する否定的な感情への《共感的理解》を表現している。しかし、それらは男性の気持ちにはぴったり来る表現ではなかった。そしてファシリテーターは「失望している」という単語でファシリテーター自身のクライエントへの理解を示した。このファシリテーターの《共感的理

共感的理解をとおして

解》は、男性の発言ひとつひとつを正確に理解しているところから発しており、男性自身は「失望」という言葉を発していないが、ファシリテーターが正確に男性のことを深く理解しようとしているところから発せられた言葉であると思われる。

《共感的理解》という態度条件は、クライエントの内的世界を感じるとともに、知的にも理解する必要がある（岡村, 1999）。そして知的理解であるから、'as if...' の感覚を忘れないことをカウンセラーはできるのである。

Rogersは《共感的理解》にはクライエントが経験している感覚だけではなく、その感覚の意味をも感じ取ることが必要であることを指摘しており、カウンセラー自身の知的理解とも結びついている。カウンセリングは感覚的作業であると思われがちではあるが、クライエントを知的に理解することが、カウンセラーとクライエントの関係のなかでは大切である。

プロセスとしての共感的理解

Barret-Lennard（1981）は共感的理解を5つのステップ[*3]、3つの段階[*4]を考えた。そして、それらのプロセスや段階は繰り返すものとしている。この5つのステップを平易な言葉で表すと、以下のとおりになるであろう。

クライエントはカウンセラーが自分の話を聞いてくれると信じており、その信頼があるからカウンセラーに話をすることができる［ステップ①］。そして、そのクライエントの話をカウンセラーが内面で感じ［ステップ②］、その感じたことを表現する［ステップ③］。クライエントはカウンセラーが表現したことをクライエントなりに受け止め［ステップ④］、クライエントは新たに表現したり、カウンセラーに感じた事を確かめたり、質問をしたりするかもしれない［ステップ⑤］。

そしてその話を再びカウンセラーは自身の内面で受け止めること［ステップ②］をし、再びステップを繰り返す。カウンセラーのクライエントの話の受け止め方が適切でなかったり［ステップ②］、その表現が適切でなかったり

［ステップ③］、クライエントがきちんと受け止められるかたちでの表現でなかったり［ステップ③④］すると、クライエントはそのことを表現したり、カウンセラーの話した内容を訂正するかもしれない［ステップ⑤］。

　しかし、それと同時にカウンセラーを見限るということも起こり、繰り返しが起こらないこともあるであろう。共感的な表現をカウンセラーがしたとき、それを受け止めたり、あるいは経験したりしたクライエントが発した言葉は、カウンセラーの共感的理解に対するフィードバックである。つまり、カウンセラーの発言が共感的理解として受け止められたときと、そうでないときでは、クライエントのそこからのプロセスに違いが起こる。それゆえ、カウンセラーの共感的な理解は、クライエントのプロセスに対して促進的になる可能性があると同時に阻害するものにもなり得るのである。

共感の尺度

　Traux（1979）が9段階からなる正確な共感 *accurate empathy* の尺度を作成した。Trauxによると、正確な共感はクライエント個人の世界をas if感覚で感じるカウンセラーの能力であるとしている。Trauxの尺度（1979）を改訂し、「共感的理解のパーソナリティとパフォーマンスのカウンセリングにおける相関 *Personality and Performance Correlates of Emphatic Understanding in Psychotherapy*」をコロンビア大学のBergin & Solomonが著したと、Trauxは著書のなかで紹介している。ここではTrauxの尺度のみを紙面の関係上紹介する。

　「高いレベルの正確な共感」では、カウンセラーの一言はカウンセラーの明確なクライエントへの理解を示すだけではなく、クライエントのムードと内容にぴったり合っており、クライエントが気づいている自身の感覚や体験をはっきりと発展させるのにも役立つ。また《共感的理解》の表現は、言語だけに限らず、声の調子や存在、「共にいるよ」という感覚を持っても表現してるとしている。

　「低いレベルの正確な共感」は、カウンセラーがクライエントの感じていることを間違って理解したり、クライエントを評価したり、アドバイスを

したり、説教をしているかもしれないし、カウンセラー自身の感情や経験を単純にリフレクトしているだけかもしれない（Traux 1979）。

【共感の段階（レベル）】 *Traux*

ステージ1：カウンセラーがクライエントの感覚に対して全く理解を示しておらず、クライエントとの意思疎通が出来ず、時にはアドバイスをしたりする。

ステージ2：クライエントの分かりやすい感情のみに反応しているカウンセラーの態度であり、クライエントの多くの感情を無視している。

ステージ3：クライエントの表現している感情に対しては正確に反応しており、またクライエントの深い、そしてまだ表面化されていない感情に対しても注意は向けるが、その感情に対する意味を感じたり理解することが出来ない。

ステージ4：カウンセラーは常にクライエントの表現している感情に対しては正確に反応し、分かりにくい感情に対しても気づいている。この分かりにくい感情に気づいている点が、ステージ3との違いである。しかし、正確さに欠けており、クライエントの現状を理解することが出来ていない。そしてカウンセラーは理論的理解が強い為に共感的理解が低くなっているという。

ステージ5：認識できるクライエントの感情に正確にカウンセラーは反応するが、それらに対する理解が正確ではない。他者の内的世界にある問題を単純に理解するに留まることがある。

ステージ6：カウンセラーはクライエントのほとんどの感情に気づいており、そこにはまだ表現する準備ができていない感情もある事に気が付いている。クライエントの表現している感情とはコミュニケーションがとれるが、それらの持つ意味についての理解は低い。

ステージ7：カウンセラーはクライエントの持つ感情に対する正確な理解を表現するが、表現しているクライエントの感情以上の理解は少ない。

> **ステージ8**：カウンセラーは正確にクライエントの現状や感情を理解 *interpret* している。そして、クライエントに対してカウンセラーは自身のクライエント理解を表現し、時にはクライエントが表現した以上のことを伝えるかもしれない。それによりクライエントは、今まで見たことがない世界を感じるかもしれない。またカウンセラーは間違えることもあり、それに対する恐れは持っておらず、間違えた場合はきちんと、そして急いで訂正する力も持っている。
> **ステージ9**：カウンセラーがクライエントのいかなる感情に対して正確に、そして繊細に理解し、ためらいなく、それら全ての感情を受け止め、理解しようとすることがとれる。

Trauxがステージ8での説明に用いたinterpretという単語は、「理解する」や「解釈する」という意味の他に「通訳する」という意味もある。カウンセラーはクライエントの話をカウンセラー自身の言葉で理解する、つまりカウンセラー語に「通訳」するということも《共感的理解》のもつ側面のひとつではないだろうか。「通訳」をするということは、相手の発言を正確に理解していないと、適切な単語を見つけたり、言い回しを見つけることができない。相手の話の内容や状況、その背景を正確に理解することが、「通訳」をするためには必要となる。

またMearnsら（2000）は、このような細かい共感の尺度は、カウンセラーの共感の訓練が、共感のレパートリーを広げるのにも役立つとしている。しかし、共感的反応の相違を説明するには4段階の尺度で十分であるともしている。

> **水準0**：これはクライエントが表出した感情を理解している証拠がない反応である。それはクライエントの感情と無関係な論評か、あるいはおそらく判断的反応、助言の提供、傷つけるか拒絶するかの反応であろう。
> **水準1**：この反応は、クライエントのきわめて表層的な感情と反応の部分的な理解に過ぎないことを示している。ときどきこの水準の共

感は、聴き手がフィードバックした反応にクライエントの経験のいくらかを失っているという意味で、'減法的'と呼ばれる。

水準2：この反応では、聴き手はクライエントが表出している感情と思考に対する理解と受容を示している。この水準は、ときどき正確な共感と呼ばれる。

水準3：この反応は、クライエントの即時的な気づきの水準を超えて、クライエントへの理解を示している。クライエントの表層的な感情と反応の理解を伝えると同時に、聴き手は基底にある感情の理解を示している。これは、ときどき'加法的共感'と呼ばれるが、一般には深い反映と呼ばれる。（Mearns & Thorne, 2000 p.50）

　私はこの共感の尺度について大学などで講義する際、思い出すカウンセリングがある。それは、共感的理解が恐怖体験として感じられたクライエントとのケースである。あるクライエントとの関わりを通して、共感的に話を聞いてもらった経験がないクライエントにとってきちんと共感的に理解されることが恐ろしいということを知った。人に自分のことを理解されたことがなく、自分の話をきちんと聞いてもらったり、受け止めてもらったことがない人にとって、共感的に理解されることは、理解できないことであるし、一種の恐怖でもあるようである。

　あるクライエントは私がそのクライエントの話を整理し、私の理解を伝えたことに対して、背中を仰け反った。椅子もガタンと後ろに動いた。その時の私は、クライエントの反応に対して驚いた。私にとってはいつもどおりのカウンセリングにおける対応をしていただけだった。しかし、私が彼の話を共感的に理解したことが、クライエントの脅威となっていることが、彼の顔色や表情からわかった。そうであるのであれば、この私の対応は、クライエントにとって共感的理解とは言えない。Rogersの「治療的人格変化における必要十分条件」のなかに、第6の条件として「共感的理解が最低限クライエントに伝わっていること」とある。いくら私が共感的に聴いていると思っていても、クライエントにそのように伝わっていなければ、これは共感的理解とは言えない。そこで私は、共感のレベルを下げ、

そのクライエントが私に聴いてもらっているという感覚を徐々に持ってもらえるよう努めた。

　共感の尺度は、共感を提供する者にとって、MearnsやThorneが言うように受け手に合った共感的理解、受け手が共感的理解として受け入れられるものを提供するのに役立つであろう。

　Warner（2011）は「脆弱なプロセスにあるクライエントは、短い共感的反応のみ受け止めることができる」としている。そしてそのようなクライエントにとっては、共感的な他者と共に居て、その他者がクライエントの沈んだ気持に寄り添っていることが大切であるとも述べている。Warnerは共感の尺度については論じていいないが、クライエントにあった共感の大切さを述べている。

　このようにカウンセラーは、相手にあった共感的反応、共感的な理解を示すことが大切である。そのためにカウンセラーは、目の前にいるクライエントを素直な目できちんと見て、感じる必要があり、そのことがクライエントにとっての共感的理解を提供することにつながるであろう。

共感的理解をトレーニングで身につける

　Mearns（1997）によると、《共感的理解》は他の二つの条件と異なり、訓練によって獲得できるものとし、「共感的理解の練習 *the empathy lab*」を紹介している。《共感的理解》が訓練により培われたとき、《無条件の積極的関心》や《一致》も行われているし、《無条件の積極的関心》や《一致》が出来ていないとき、本当の意味での《共感的理解》は出来ない。また《無条件の積極的関心》をカウンセラーが示すことは、共感的理解をすることの一端でもある。それゆえ、中核条件の訓練として《共感的理解》に焦点を当てることとなる。

　この「共感的理解の練習 *the empathy lab*」はイギリスにPerson-Centred Approachを紹介したアメリカ人、Dr. Charles Devonshireが作り、Mearnsが教鞭をとっていた大学では、パーソンセンタードアプローチのカウンセラー養成のなかで行われていた。

《共感的理解》はトレーニングで行われる大グループでも他の条件と同じように培われる。話し手、聴き手、オブザーバーと役割を分けて、「人生について大切なこと」を話し、その後ディスカッションを行う the empathy lab は、トレーニング生が《共感的理解》を身につけるために、またその意味を体得するためにも有効であるとしている。

共感的理解の実験

定義：《共感的理解》は、他者がその人の世界のなかでどのように感じるかを理解する能力です。そのような状況だったら自分がどのように感じるかを想像することでありません。あるいは、そのような状況で他者がどのように感じたか、についてのあなたの知識でもありません。

◆所要時間：三時間
◆やり方：

① 三人組になります。可能であれば、出来る限りあまり知らない人と組んでください（共感的理解は、近しい人に対してほど難しいです）。部屋の中の静かな場所を見つけて下さい。
② 役割を決めます。A「話し手」／B「聴き手」／C「オブザーバー」
③ 話し手は30分くらい話しをします。それ以上は話さないでください。聴き手は話し手を理解することに努め、自分の理解の確認をおこなってください。
④ そして話し手、聴き手、オブザーバーは20分かけて「振り返りシート」に記入します。プロセス、共感的理解について学んだこと、体験したことを明確にし、話し合いましょう。
⑤ 役割を交代しましょう。話し手はオブザーバーになります。オブザーバーは聴き手に、聴き手は話し手になります。ステップ③と④を繰り返しましょう。
⑥ 役割を交代します。これで全員が全ての役割をしたことになります。
⑦ 次の質問に答えましょう。「共感的理解について学んだこと、体験し

たことは何ですか？」そしてそれを分かち合いましょう。(30分)
⑧ 約束の時間になったら全体グループに戻りましょう。そして皆さんが共感的理解について学んだこと、体験したことを分かち合いましょう。

◆役割：話し手は「私にとって大切な何かについて」話して下さい。「人生にとって大切なこと」「難しい人生の転換期」「職場で難しいこと、家庭で難しいこと」など。話し手が自分自身で大切だと感じることは何でも良いです。無理矢理話し手に自身が望んでいない個人的なことを話すのがねらいではありません。話し手は、知っている人の誰かを演じて、その人になったつもりで話してみるのも良いかもしれません。

聴き手は、以下の二つの事をするようにして下さい。
(1) 話し手が話していること、感じていること、経験していることを理解するように努める。
(2) そしてその理解を話し手に確認する。

ひとつ大切なポイントは聴くということは積極的なプロセスです。ただ静かに座っているのではなく、あなたの理解の「確認」が求められます。「確認」のプロセスはあなたが理解しており、その理解を使ってコミュニケーションがとれる事を確実にし、あるいは最低でもあなたが理解する事を苦しんでいて、そのことが他者にとって十分支えになる場合もあります。

オブザーバーは、ひとつ目には、体験を分析している時に話し手と聴き手を助ける役割です。これらをうまくこなす為には、オブザーバーは二人の対話の最中、記録を取る必要があるかもしれません。二つ目の役割として時間管理があります。もし聴き手のプロセスが行き詰まってしまったら、オブザーバーは話し手と聴き手が何について話しており、どのような事が起こったかを次の段階に進む前に助ける必要があります。

◆フィードバックの方法：
① 話し手はどのように最初感じましたか？　そしてそれらの気持ちは

変化しましたか？　もし変化したとしたら、どのように変化しましたか？
② 話し手は話題にした人に対してどのように感じていましたか？
③ 話し手は感情をどのように話していましたか？
④ 貴方はどのように感じましたか？　どのようなことを貴方は聴いているときに考えましたか？（聴き手）どのように聴き手か感じていたと貴方は思いますか？（話し手、オブザーバー）
⑤ 共感的理解について学んだこと、経験したことは何ですか？
⑥ 以前、短い共感的理解の練習をしたことがあれば、今回のこの長い共感的理解の練習と違いはありますか？

(Mearns 1977, p112-p113) [*5]

《共感的理解》は、トレーニングで身に付くものであるが、カウンセリングのトレーニング生にとって難しいものである（Mearns 1997）。共感的にクライエントを理解しているとき、「その話、共感できます」や「わたし、あなたのお話に共感します」と言われて、クライエント側は共感的に理解をされたと感じるであろうか。これらのコメントは日常生活のなかで聞くことがあるが、これを言われたとき、共感的に理解されたと感じたかどうかを己で振り返ってみる必要があるのではないか。それ故、The empathy labを通して、共感的に理解されることをカウンセラー自身が経験することが、カウンセラーとしての共感的な理解の質を上げる事に繋がっていく。

また、《共感的理解》の質とともに、共感的な理解はトレーニング生にとって「共感的感受性 *empathic sensitivity*」を解放する、と Mearns & Thorne は述べている。私たちカウンセラーは、カウンセラーとしてだけではなく、人として多くの経験をしており、それらの知識や経験が、他者の話を聞いた時に私たちに何らかのことを教えてくれたり、感じさせてくれたりする。

共感的な反応をするためにまず初めに出来ること、それは主観的な知覚をより豊かにする事であり（Tolan 2003）、より多くのことを豊かな感性を通して気がつくことが、他者を共感的に理解するためには必要である。こ

れらのことと自分の内面との対話（一致）を行いながら、私たちはカウンセラーとして必要に応じて表現する。

無条件の積極的関心や一致との関係

　"中核三条件"である《無条件の積極的関心》《一致》そして《共感的理解》はそれぞれが絡み合って成立している条件である。

　《無条件の積極的関心》は、クライエントを受け止める最初の入口となっている。クライエントがカウンセリングを受けに来たことや、カウンセラーに話してくれているという事実とその話の内容、クライエントが自分の目の前に座っているということを受け止める。

　そして、そのクライエントの話を分かろうとし、カウンセラーなりに咀嚼していくプロセスが《共感的理解》である。しかし、クライエントの話を受け止め、理解し、咀嚼するプロセスには、カウンセラー自身の《一致》が大切になってくる。カウンセラーが自分自身の価値観や偏見を認識していないと、それらが邪魔をし、共感的理解をすることが困難となる。またカウンセラーがクライエントの話を全て無条件に肯定的に受け止めたり、共感的に理解することはできない。カウンセラーはクライエントを理解することに努めるのももちろん大事であるが、クライエントを理解できない状態の自分自身を受容することも大切である。

　クライエントの話が表面的であり、まだその奥や根っこにあることを表現していないとカウンセラーが感じているとき（故意に表現していないのか、無意識的に表現していないのかは分からないが）、カウンセラーはただ表面的に共感的に理解することも、時には必要であろう。しかし、クライエントの話には何か"根っこ"があるかもしれないとカウンセラーが感じているとき、その"根っこ"の内容をカウンセラーが把握していなくても、"根っこ"の存在の可能性を感じ、そのあるかもしれない"根っこ"にも思いを馳せ、共感的な理解を表明したとき、その共感的理解は、より深いものとなるのではないだろうか。

　クライエントの話は大きな木。その大きな木の頭が水面に見えている。

その水が濁っていると水底にあるかもしれない根っこは見えない。水面に見えている木の頭を見て、「緑がある」って思う。しかし、緑があるということは、その下に幹があり、根っこがあるかもしれないという考えがあっても良いのである。もし水が澄んでいたら、水底が見え、あるかもしれない根っこまでの幹の様子が分かる。

水が透明であるためには、ここにある木の存在を受け入れることが大切である。そして、そこに漂う水を理解すること、知ること、分かろうとすることが大切になってくる。そのためには、いま見えているその木の部分と、周りの水と付き合っていかなくてはならない。クライエント自身がまだ見たくないから、知りたくないから水を濁らしているかもしれない。また、クライエントは何となく分かっているけど、カウンセラーにはまだ伝えるのは怖いと思っているかもしれない。あるいはカウンセラー自身の目の濁り、つまり、カウンセラーの価値観や偏見、経験などが邪魔をして、本当は澄んだ水がカウンセラーにとっての水の濁りとなって、幹や根が見えなくなっているのかもしれない。カウンセラーは水の濁りの原因をクライエントと付き合っていき、話していくなかで、知る努力をする。

そしてそのようなプロセスにいるカウンセラーは、自身の状態を受け止める必要がある。時にはカウンセラーは水がいま濁っていて根っこが見えない状態であるということを受容し、カウンセラーのテンポで無理矢理透明にするべきではない。

> 「私はクライエントの話を私なりに理解したし、クライエントの世界が見えたように思う。しかしもっと何かがあるような気がする（共感的理解）。その気持ちをクライエントと分かち合おうか、それとも今は留まっておこうか。クライエントのプロセスを考えるとどうしたらよいのだろうか（一致のプロセス）……。」

カウンセラーがクライエントと、気づきを分かち合うことは、共感的に理解していることの表現でもあり、その気づきをクライエントが受け止められるかどうかをカウンセラーは感覚的に吟味しなくてはならない。カウ

ンセラーがクライエントに対して自身が共感的に理解していることを表現することは、カウンセラーの《一致》に大きく関わってくる。

では、《共感的理解》と《無条件の積極的関心》はどのような関わりがあるのであろうか。先にも述べたように、まずカウンセラー自身がクライエントの存在、話の内容などを無条件に受け止めることが求められる。その際、クライエントが受け止めて欲しい内容やカウンセラーに知って欲しいであろう内容を受け止めることが、クライエントがカウンセラーからの《無条件の積極的関心》を経験するために大切である。カウンセラーが《共感的理解》をすることで、このような受容が可能となる。またカウンセラーが感じたことをクライエントに表現するかどうか、その迷いのプロセスや、時には共感的に理解できないカウンセラーのジレンマなど、カウンセラー側の状態を、カウンセラーが受け止める必要もある。

さいごに

《共感的理解》は、カウンセラーはクライエントの経験世界に敏感に存在するあり方（Naskin & Rogers 1989）であり、一時的にクライエントの世界に住むことを意味している（Vincent 2001）。

そして、《共感的理解》を通してクライエントに対する本物の関心や配慮の質を表現している（Rogers 1989）。簡単そうに思えるかもしれないが、他者の世界に入り、それを感じ、質の良い《共感的理解》を提供することは、決して容易いことではない。《共感的理解》をクライエントに示すとき、カウンセラーは常にその質や表現の方法を自身に問い正しながら行うことが大切になるのではないだろうか。

私が国際エンカウンター・グループで通訳をしていて流した涙。あの涙は彼の話しを聴き、その訳す瞬間に彼の気持ちになったから、流れた涙。そのときの私には彼に対して、「かわいそう」とか「大変」などという気持ちが全くなかったのを覚えている。静かな朝の湖の水面のように、とても穏やかな気持ち。そこから湧いてくる涙だったという体験が今も私の身に残っている。

*1　Rogersは「現実はひとつでなければならないのか」という論文を発表している。興味のある人は、ロジャーズ選集・下巻（誠信書房）を参照のこと。

*2　筆者訳。

*3　［ステップ①］クライエントは自らの体験を表現し、カウンセラーがそれを受け止めてくれることを予想し、期待し、信頼している。［ステップ②］カウンセラーはクライエントが表現したことに対して共鳴する（共感的共鳴）。［ステップ③］カウンセラーはクライエントの経験した事から気づいたこと、感じたことを何らかの方法でクライエントに表現する（表現された共感）。［ステップ④］カウンセラーが表現したものをクライントは、カウンセラー個人の即時的理解、あるいは感覚として受け止める（受け止められた共感）。［ステップ5］クライエントは自己表現を続け、それはカウンセラーへのフィードバックの要素も含まれる。カウンセラーが今まさに表現したクライエントの体験の感覚への理解や感じ方を確かめたり、直したりするものであるかもしれない。またクライエントがカウンセラーと個人的な理解を共有していることの認めていることかもしれない（フィードバック、新鮮な表現と共鳴）。(Tranux 1979)

*4　［段階①］共感的傾聴の内面のプロセス、共鳴するそして個人的理解［ステップ②で起こる］。［段階②］コミュニケーションをとった、あるいは（より正確に）共感的理解を表現した（表現した、それは、コミュニケーションをとったは発信と受信の両方をさしている）［ステップ③で起こる］。［段階③］受け止めた共感、あるいは、他者に共感された経験を元に共感する（知覚された共感的理解）［ステップ④で起こる］。(Tranux 同上)

*5　著者訳。

発展・実践編

Empathic Understanding

プロセスとしての共感的理解
―― インタラクティブ・フォーカシングで身につける ――

近田輝行

はじめに

「共感」とはなんだろうか。「共感的」な在り方とは、具体的に何をすればよいのか。

その答えが鍵となるカウンセリングの学習を、入門者にとってことさらに難しいものにしている一因に、「共感」という日本語がいろいろに受けとられるという問題があるのではないか。

日常用語の「共感」は「同じように感じる」という意味で、「同感」「賛成」に近い。これは英語ではシンパシー sympathy である。しかし、カウンセリングではクライエントに同意することを重視しているわけではない。一方、近年注目されている「共感疲労」の「共感」はコンパッション compassion の訳だが、コンパッションは「同情」や「思いやり」といった意味である。

カウンセリングで重視するのは、シンパシーでもコンパッションでもなく、エンパシー empathy である。エンパシーにはもともと「感情移入」という定訳があった。にもかかわらず、カウンセリングや心理学の領域でエンパシーの訳は、「感情移入」と「共感」が混在している時期を経て、現在では「共感」が定訳となっている。ここでは、カウンセリングの「共感」はエンパシーであり、もともと日本語では「感情移入」と訳されていたとい

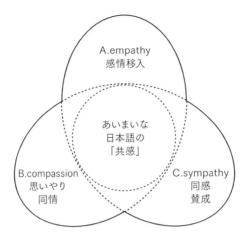

図1　あいまいな日本語の「共感」

プロセスとしての共感的理解

うことを指摘するに留め、とりあえず便宜的に【図1】のように整理しておくことにする。

　日常用語の「共感」はCであり、カウンセリングの「共感」はAのエンパシーである。「共感」はBの意味でも受け取られるため「カウンセリングの共感は同情とは異なる」という説明が必要になることもある。後に紹介する"インタラクティブ・フォーカシング"では、AのエンパシーとBのコンパッションを分けて考え、どちらも重視して言語化する。

　「感情移入」とは、対象に感情を移し入れて対象のあり方を感じとることである。私たちは、例えば折られる枝を見て「木が痛がっている」と、人間以外の対象にも感情移入できる。「感情移入」を他者理解の説明に用いたT.リップスは、対象の性質や感情を理解できるのは自分の運動的な感覚を通すからであると考え、運動的な模倣と感情のつながりを重視した。今日ではミラー・ニューロンの発見によって、神経科学の立場からも感情移入の身体的基盤は証明されつつある。相手の動作や表情から、痛みや悲しみを感じとれるのは身体を通して感情移入できるからである。

　しかし、その悲しみに「共感（同感）」できるかどうかは別問題である。相手に感情移入して理解できたとしても、自分の立場から「共感（同感）」す

るとは限らない。カウンセリングでは相手に同感することが大事なのではなく、相手の身になって理解することが大事なのである。

プロセスとしてのエンパシー

　ロジャーズの「共感」といえば「他者の内的照合枠を、その人であるかのように正確に知覚し、本人のように感じながらも、同一視はしていない状態」という50年代の定義がよく知られている。しかし、ロジャーズは70年代になって、心理療法のさまざまな技法が隆盛する時代背景のなかで、受容と共感にまつわる誤解を払拭できる新しい定義が必要となり、次のようなプロセスとして共感的なありようを記述した（Rogers 1975）。

> 　他者の主観的世界に入り、自分らしく居られ、そこで感じられる意味に敏感であり、侵入的にならないように感じた意味を伝達し、常にその正確さを相手に確かめながら、その反応に導かれながらついていくこと。つまり、体験過程experiencingに含まれる意味を指し示し応答することで、他者がそこから意味を感じ取り、体験過程を推進させることを助けること。（筆者による要約）

　ロジャーズは、ジェンドリンの理論を取り入れ、相互作用による体験過程の推進という観点から共感的ありようを述べている。まだ言葉にならない感じについていき共に探ること、つまり感じられる意味（フェルトセンス）に敏感に応答することが文字どおり「相手の身になる」ことであり、共感的に寄り添うことなのである。さらにロジャーズは、共感的に共にいるための前提として、安定した自分で居られることを強調している。自分を見失わずにいつでも自分に戻れる安心感があるからこそ、いったん自分を脇に置き、相手の世界に入り、先入観なしについていくことができるのである。

　このような共感的なプロセスは、自然に身につくものではない。従来カウンセラーの研修では、ロールプレイやエンカウンター・グループを通し

て、時間をかけて養われてきた。しかし今日では、限られた時間のなかで少しでも効果があがる実習が求められている。そこで筆者が試みているのが、"インタラクティブ・フォーカシング"（Klein 2001）をモデルとした共感的応答の実習である。"インタラクティブ・フォーカシング"は、身体感覚にふれながら細やかな応答を行う。そこにはロジャーズが記述した「共感的理解のプロセス」をたどるための枠組みが確立されている。

インタラクティブ・フォーカシング

"インタラクティブ・フォーカシング"は、1990年代のはじめにフォーカシング研究所の元所長であった故ジャネット・クラインによって考案された。普通のフォーカシングのマニュアルは、フェルトセンスに触れるために、主に話し手（フォーカサー）自身の内側との関係づくりが工夫されているが、"インタラクティブ・フォーカシング"では、相互作用のなかでフェルトセンスにふれていくように、話し手と聴き手（リスナー）の関係に重点がある。"インタラクティブ・フォーカシング"の聴き手は、伝え返しと理解の確認に加えて、話が一区切りついたところで意図的に「話し手の身になって感じたこと」を言葉にする。さらに聴き手は「自分の気持ちにふれたこと」を伝える。エンパシーとコンパッションを分けてどちらも言葉にするのである。手順には、聴き手と話し手の役割交代も含まれている。役割を交代した後、最後にお互いの関係を確かめ言葉にする。話し手の語りに対する正確で実感を伴った共感的理解に加えて、聴き手自身に生じる感情や話し手に対する思いに注意を向け言語化することで、聴き手自身の在りかたが問われる。話し手にとっては、本物の聴き手が見え、関係の深まりにつながる。

《共感的理解》のプロセスや関係の深まりは、ロールプレイやエンカウンター・グループのなかでも生じる。しかし、その段階に至るまで時間を要することが多く、短期間の実習で体験するのは難しい。しかし、"インタラクティブ・フォーカシング"のなかでは、枠組と手順による多少の不自然さはあっても、比較的短い時間で《共感的理解》のプロセスを体験で

き、練習によって身につけることができると筆者は考えている。"インタラクティブ・フォーカシング"そのものの詳細な方法は他書にゆずり、ここでは"インタラクティブ・フォーカシング"をモデルにした〈共感的応答実習〉（近田 2010）の枠組を紹介する。

インタラクティブ・フォーカシングをモデルにした共感的応答実習

以下の①から③までの各段階を区切りながら進める。役割交代はせずに原則として片側だけで終える。

① 伝え返し（キーワードや感情表現の繰り返し）と理解の確認をする。

聴き手は言語化することで理解を確認でき、話し手は「聴いてもらっている」という安心感に加えて、繰り返しの言葉によって自分の語ったことを確認し、まだ言葉にされていない部分を確かめることができる。練習という意味で、最初は言い換えや自分の言葉を使うことはせず、やや不自然になったとしても文字どおりの伝え返しを行い、日常会話とは異なるていねいな理解の確認を行なう。話し手がフェルトセンスを確かめながら言語化している場合には、文字どおりの伝え返しが自己探索を助ける。

② 聴き手が、話し手の身になって感じたことを伝える。

これは、話が一区切りついたところで、少し時間をとって行なう。話の要約やキーワードの繰り返しではなく、話し手の世界に入り話し手の身になってみて、そこで生じた身体感覚やイメージや象徴的表現など、話し手が使わなかった表現を用いるのである。"インタラクティブ・フォーカシング"では、この部分が〈共感的応答〉のハイライトである。聞き手は話し手の気持や状況を、実感を伴って理解できているか問われ、語りの背景に流れるフェルトセンスに触れながら共にいる訓練になる。話し手はここで、伝え返しや要約とは異なる、聞き手の言葉による応答をもらい、新たな気づきにつながることも多い。

③ 聴き手自身が感じたことを伝える。

①②をふまえて、最後に言語化する。話し手に対する思いやりや、聴き手自身の問題に触れて出てきたことを語る段階である。②の「エンパシー」に対してここでは「コンパッション」（思いやり）が表明されることをねらっているが、応答の訓練では、広く自己開示的な表明なども含めている。この段階が、傾聴訓練とは異なる点である。聴き手は、話し手の世界に入り込むだけではなく、自分自身としてそこに居ることを試され、相手の視点にたちつつも、自分を失わず巻き込まれないでいることの意味と同時に、その難しさも体験する。ロジャーズが強調した「共感しながらも自分自身でいること」が試されるのである。聴き手は、話し手に対してどのような目を向けているのかを問い直し、二者関係を一歩ひいてモニターできることもある。①②のプロセスをふんだうえでの思いやりの言葉や自己開示は、話し手の心にひびく。

面接においていつもこの段階まで至るわけではない。言語化には慎重な配慮が必要であり、安易な表明は控えるべきであろう。初学者には高度な課題かもしれないが、言語化するか否かは別として、実践的にはこの段階まで気づいている必要があろう。「共感疲労」や「二次受傷」への対策という観点からも、身体感覚に注意を向け、相手の世界から受けとめたことと、自分自身の気持ちを意図的に区別することは意味がある。

①から③の段階をふまえたうえで、聴き手の持ち味を生かした自然な応答ができるようになることが、カウンセリングの訓練の長期的目標となろう。実際の面接では、ひと区切りの話題や一回の面接で②と③の段階まで進むとは限らず、【図2】〔次頁〕のABCの場合が考えられるが、内的には②③にも気づいている必要があろう。【図2】の点線の三角形は、内的には気づいているが、言語的に表明されていない状態である。カウンセリングではABCの三角形がいくつも積み重ねられ、より深い理解に至るのである。

話し手が教える方法 focuser/talker as teacher model

話し手が、聴き手の応答にていねいに注意を払い、違っていたりズレて

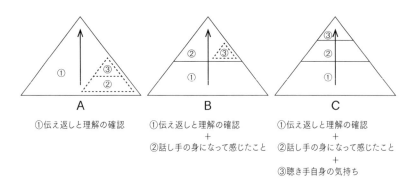

図2　面接における応答の実際

いたりしたらその場で修正する方法である。話し手にとって邪魔な伝え返しやあいづちを、不必要だと指摘することも含まれる。フォーカシングのリスナーの訓練ではこの方法が前提となっているが、"インタラクティブ・フォーカシング"では特に重視される。聞き手の不正確な理解やズレた応答を、話し手が修正して言い直させることは自然にも生じているが、それをルールとしておこなうのである。聴き手は、ルールとして決められた修正を受けながら話し手についていくことで、「感じた意味の正確さを常に確かめながら話し手の反応に導かれる」態度を身につけることができる。

　聴き手は、一回で的を射た応答が出来るようになることが大事なのではなく、やりとりのなかで話し手に導かれながら《共感的理解》に至る態度を身につけることが大事なのである。

　応答はズレていたり違っていたりしても当然であり、話し手に修正してもらえばいいという枠は、聴き手にとって安心なだけでなく、話し手にとっても、ルールとして修正し必要な応答を要求できるため、ズレた応答に気を遣ってつきあう必要がなく楽である。また逐語記録の検討とは異なり、修正した応答の効果をその場で実際に確かめることができるのである。

実習に際して

グループで実習をおこなう場合には、他者の応答を観察することで感じ方の違いを体験できる。観察者も、②の〈共感的応答〉を伝える方法をとれば、傍観者では居られなくなり、その場に真剣に臨み、共に居ることが求められる。話し手にとっては複数から〈共感的応答〉をもらうことになり、エンカウンター・グループ的な体験ができることもある。グループが、お互いの違いを尊重し、認め合うようなレベルに成熟していれば、応答の違いも多様性として受け入れることができよう。しかし〈共感的応答〉を出来不出来で捉え、失敗感をもってしまうこともありうる。グループによっては、③の表明は控えることもある。実習の指導者には場の心理的安全を守る態度が求められる。

また、この方法では②の部分を共感的応答として重視しているが、実際には、あいづちひとつ、あるいは話し手が使った文字どおり同じ言葉の繰り返し、時には質問でさえも、〈共感的応答〉になりうる。「共感」をひとつの型に押し込もうとするのがこの実習の目的ではない。話し手も聴き手も今ここで感じられる体験に注意をむけつつ、相互作用のなかで正確な共感的理解に至るプロセスを身につけることが目的なのである。

おわりに

共感的なありようを身につけるための方法として"インタラクティブ・フォーカシング"の枠組みを紹介してきたが、この方法はロジャーズの"中核条件"の他の二つ、《無条件の積極的関心》と《一致》を身につけるための優れた方法でもあることは、すでにお気づきであろう。"三条件"は別々のものではなく、一連のプロセスのなかで関連しあっているのである。

困難な体験のなかで、言葉をみつけ、体験の意味に気づくためには、他者の存在が欠かせない。ジェンドリンは生のプロセスが進展するために、そこに人が居ることの意味を繰り返し強調して、次のように述べている。

セラピストの発言内容には限られた効果しかない。セラピストが個人としてしっかりと存在していることと相互作用的な応答の効果の方がより強力である。(Gendlin 1968)

見立てという行為と共感的理解

高橋紀子

はじめに

　見立てを行うという行為は、《共感的理解》なくして成立しない。しかし、しばしば見立てを行うという行為と《共感的理解》は相反する姿勢としてみなされ、どちらかが疎かになることもある。

　そこで本稿では、見立てを行うという行為の意義と、見立てを行うプロセスを振り返りつつ、見立てを行う行為と《共感的理解》の関係について考えたい。

「見立て」を行うことの意義

　臨床場面でクライエントと出会ったカウンセラーがまず行う専門家として仕事のひとつに、「見立てと方針」をたてることがある。

　とはいえ実際のところ、さほどあらたまって見立てや方針をたてなくとも、相手を尊重し丁寧に話を傾聴することで改善するケースも多いようにも思う。はじめてケースを担当するカウンセラーがクライエントとお会いするので精一杯のような状態であっても、なんとなくクライエントは元気になり、主訴が改善されるということもよくある話である。

"傾聴"は相手を尊重する態度の表明でもある。人として大事にされ、じっくりと自分の気持ちを振り返る時間が、人として生きていく上でいかに大切で現代社会においていかに失われているか。その機会を得ることで人がどれだけ元気になるか。専門家としてではなく、まず人として相手と接することの大切さ、真摯に話を聴き向き合うことの大切さを本稿で否定するつもりはない。ただ、それだけで良しとすることのリスクも忘れてはならない。なぜなら「真摯に話を聴く」という姿勢は、それができている錯覚に陥りやすく、話にじっくりと耳を傾けつつ同時に「話を充分に聴けていない部分もある」と自覚するのは実にむずかしいからである。
　カウンセリングは密室で行われる。クライエントに対する姿勢は、本来「意欲」や「意気込み」といった一方的な思いとは違ってしかるべきだが、その違いを客観視するのはなかなか難しい。クライエントに対する思い入れが思い込みにならないよう、カウンセラー自身が自身のクライエントへの理解を整理し再構築しつづける作業は重要となろう。

　見立てを行うというのは、「クライエントはこんな状態であろうか」とカウンセラーが考えることを、とりあえずの仮説としてたてることである。見立ては、クライエントについての固定的な理解ではなく、今後変化していくことを前提としたとりあえずの理解である。「私はこう理解したが、これで良いだろうか」と、今後カウンセリングや支援を通して、クライエントとの対話のなかで確かめつつ、修正していくものである。
　そして見立ては、見立てを行うこと自体が目的なのではなく、「方針」をたてるためのものである。どのような支援をしていくのが良いのか、それはカウンセラーの価値観を根拠にするのではなく、クライエントの有り様を尊重したものである必要があろう。
　例えば生真面目なクライエントを前にした時、その方の生真面目さを詳細に考えずに「もっとフランクになったらいい」と思うのは、個人の考えとしては問題ないが、カウンセラーとして一方的にそう方向づけるのは、価値観の押しつけに他ならない。また、生真面目なクライエントをなんの検討もなく「そのままで良い」とすることは、クライエントを尊重するこ

とではなく、放っておくことにも通じやすい。その生真面目さはどこで活かされ、どこで生きづらさとなるのか、クライエントがそれについてどう捉え、実際の生活場面でどのように現れるのか。丁寧に検討してはじめて、クライエントの有り様を尊重することにつながり、その良さを活かし、弱さを支えることにつながるのである。

　また、見立てを行うプロセスなくケースに取り組むカウンセラーは、臨床現場で異職種の方と協働する際に苦労するであろう。何を共有し何を守秘するのか情報を整理し再構築できないので、すべてを隠し異業種の方々への不信をさらすか、不必要な事柄まで話し、クライエントとの信頼関係を損なうかになりやすいのではないかと危惧される。

　このように、見立てを行うという行為は、カウンセラーの聴く行為を省みる作業であり、クライエントを尊重する営みに通じ、クライエントにとっての生きやすさ生きづらさを考える機会になる。そして、複数のスタッフでクライエントを支援する際の協働とクライエントとの関係性の両方を大切にすることにもつうじるのである。

見立てを行うプロセス

◆見立てを行う際に用いるチャンネル

　次に、見立てを行うプロセスを考えつつ、クライエントを共感的に理解することとの関係について考えたい。まず、見立てを行うプロセスの最初の段階として、見立てを行う際、どのように情報を受け取っているのかについて振り返ると、大きく〈観察〉〈感覚〉〈傾聴〉の三つがあるように思う。

　①〈観察〉：クライエントが管理し整えているものを見る──　〈観察〉する対象には、髪型、服装、化粧、体型、靴や服の状態等があろうか。クライエント自身が管理し整えるものが中心となる。外的に見えるそうしたクライエント自身が管理し整えるものからの情報は、クライエントの精神状態や生活の丁寧さ、気持ちの行き届き方を考えるうえで参考になるだろう。

そしてこれらのなかでいつでも一定の水準が維持されるものは、クライエントの生き方や価値観をうかがうヒントになり、状況に応じて変化する部分は、心身の不調により揺れ動きやすい部分や柔軟性をうかがう手がかりになる。

　例えば、20代から髪型の変わらない中年の女性がいるとする。その髪型と年齢の不一致に気づくと、20代に何らかの思い入れや固着があるのかもしれないという可能性を考えるきっかけになることもあれば、価値観が変化しない出来事や事情があるのかもしれないと思いめぐらす機会になることもあるかもしれない。あくまでこれは断定ではなく、クライエントの様子に気を留める小さなアンカーをたてるような作業である。

　服装ひとつとっても、それはクライエントの流行への感度や好みを知る手がかりになるだけでなく、その服装が普段と同じものかそうでないのかによって、カウンセリングがクライエントの日常にどのように位置づけられているのか知る手がかりになる場合もありうる。また、メンテナンスやコーディネイトのしやすい服を選択するか否かは、クライエントの合理性や器用さ、遊び心をうかがう情報のひとつとなることもあるだろう。また、どういった時に服装に変化が生じるのか、素材か組合せか、色合いか、といった情報は、クライエントの柔らかさやもろさをうかがうヒントになり、生活の崩れ方がどのように出るのかうかがう情報ともなりうるだろう。

　こうしたクライエントが管理し整えているものに気を留め、考えるヒントにする作業は、クライエントが扱う日々の物事に対して、ささやかな関心を寄せる心の動きにどこか通じるものがある。また、クライエントの外的な変化と内的な作業の関係を考えるうえでも、まずクライエントが管理し整えているものに注目するのは有効であろう。言っていることが行動に伴いにくいのはままあることであり、逆に、本人は意識していなくても準備が整いつつある様子を、その姿から伺い知ることもある。

　なお、この〈観察〉を通して心に小さなアンカーを置くという行為は、カウンセラーによって気づきやすい物と気づきにくい物があるという事実について、カウンセラーが比較的抵抗無く自覚的になりやすい分野かもし

れない。男性のカウンセラーは化粧や髪型の変化に気づきにくいことが多いであろうし、会社勤めの経験のないカウンセラーが、スーツの生地の善し悪しを判別しにくいのも無理もない。「よく見る」という行為は、カウンセラーの専門性のなかでも、素質というより経験がものをいう部分が大きいように思う。なので、さまざまな年齢や地域、職業の人たちと出会い関心を持つことで、こうした観察眼は次第に育まれていくと希望も持ちやすい部分であるかもしれない。

②〈感覚〉：自然に醸し出される雰囲気／存在を感じる――　クライエントを理解する過程のなかで材料とするものとして、観察の次に、クライエントと一緒にいる時の感覚的な体験があげられる。表情や佇まい、声の出され方やスピード、身体の緊張などから醸し出されるクライエント全体の印象、雰囲気は、その場で相対してはじめて感じ取れるものである。こうしたクライエントから自然と醸し出される雰囲気への〈感覚〉は、その方の病状や状態像を知る手がかりになることもある。

例えば野島(2014)は、エンカウンター・グループのファシリテーターとしてのセンスの中身の一例として、「一目会って、あるいは、数分間過ごしたときに、いて、安心感・安全感を与えてくれるかどうか」をあげた。一緒にいる時間がほんの数分だとしても、何も話していなくとも、一緒にいるとなんとなく窮屈になったり、気が重くなったりする人がいる一方で、言葉を交わさなくても同じ場にいると心が次第に解けていく感じのする人がいる。野島はそれを、その人の持っている資質と述べたが、このようなその人自身から自然と醸し出される雰囲気というものは、自身でコントロールしにくい分、その方の状態を知る手がかりのひとつにもなると思われる。

また、その醸し出される雰囲気がさっと変わる瞬間に気づくことで、クライエントの揺れ動きやすさがどこにあるのか知る手がかりとすることもあろう。

それは、何らかの話をしている時かもしれない。廊下を歩く音がする時や天候によるものかもしれない。あるいは、体調を崩した時や遅刻した時、

カウンセラーが体調の悪い時や聞き逃した時かもしれない。言葉は発せず表情も変わらぬとも、クライエントがその場での居方を変える瞬間はどんな時だったか思いをめぐらすと、クライエントが脅かされやすい時はどんな時なのか考えるヒントになろう。

　本人が意図せずまとう雰囲気に対する感度を高めるには、病態の重い方に会う経験が必要不可欠であるように思う。閉鎖病棟にいる時と開放病棟にうつる時、デイケアに参加する時や仕事をはじめる時など、状態によってその人から醸し出される雰囲気が変化すること、そしてその人のそばにいる時の感覚が異なる体験。状態による存在やまとう雰囲気が変化する様子は、病態の重い方により顕著である。

　③〈傾聴〉：語られることを聴き、語られないものを思う——　見立てを行う際にカウンセラーがすることの三つめには〈傾聴〉があげられる。何を、どのタイミングで話すか、そして現在の状況に至った経緯をどう話すかは、クライエントが自身の状況や生き様、課題をどのように捉えているか知る手がかりになる。同時に、語られないものや語ろうとしないものは何か意識をむけると、クライエントが避けていることや価値をおいていないものが何かを知る手がかりになることもある。

　自分が〈傾聴〉できているかどうかは、スーパーヴァイズやケースカンファレンスなど、その場にいない人とともにケースを検討する際に気づかされることも多いかもしれない。

　また、語られるものと語られないものに対する感度は、ケースの逐語記録を取るなかで伸ばしていける能力のひとつであろう。逐語をおこしやすいところとおこしにくいところは何かを振り返ると、「自分が聞き漏らしやすい話と価値を置きやすい話は何か」を知る体験につながることもある。

◆ 見立てを行う際の観点

　次に、見立てを行う際の視点について述べる。〈観察〉〈感覚〉〈傾聴〉によって得られた情報は、［気質］［病態］［発達］の大きく三つの観点から検

討され、見立てが行われる。

① [気質]：持って生まれたもの──　[気質] とは、人の持って生まれた物事の捉え方、感じ方、そしてその人の外界とのつながり方のことである。困難なことが生じてからの反応ではなく、また学習された振る舞いでもなく、幼い頃から変わらないその人の有り様のようなものである。

　カウンセリング場面において、「自分はこういう性格です」と語られることもしばしばあるが、その人の [気質] というのは、そのように語られる自己像とは少し異なる、基本的には言葉にされない有り様であることが多いように思う。なぜなら、その人にとってはそれが当然であると思われていることや常識だと感じていることに、その人の [気質] が立ち現れることが多いからである。気楽に過ごせるのはどんな場面で、何をしている時であろうか。それは、面接場面では意識せずなんとなくしていることである。[気質] を「心の利き手」と表現することもあるが、まさに言い得て妙である。気がつくと使っている心の動かし方、自分の有り様のようなものが、[気質] であり、本人はそれを個性だとすら認識していないことが多いのである。

　その方の [気質] を理解しようとする試みは、その方にとって一番自然なかたちでの困難との向きあい方や抱え方を考えるのに役立つと思う。たとえ今後の支援の方針として、新たなスキルの獲得や心理教育のようなものが必要だとなったとしても、どのようにしたらスムーズにそのスキルや知識を獲得できるか考える際に、その方の [気質] への理解は大きなヒントとなる。

② [病態]：健康な部分と危うい部分──　見立てを行う際の二つ目の観点として [病態] の検討がある。ここで病態と書いたが、これは診断をすることではない。クライエントの健康な部分や力は何かを考え、またその方の崩れやすい部分、もしくは病的な部分をみることである。

　人は誰もがどこかに柔らかすぎる部分やなんらかの狂気を抱え、同時にどんな時でもどこかに健康な力を持っている。健康な力がどんなところ

で、どういう場面で発揮されやすいかを捉えることは、クライエントの力を信頼することに通じる。そして、クライエントの危うさを考えることは、その方に必要な支援を考える助けとなる。

　何も問題のない状態や非の打ちどころのない人間を作ることが心理臨床の目標なのではない。その人が自分自身の力を充分に発揮し、必要な時に適切な支援を受けられるよう、サポートの受け方を知ることが、その人がその人らしく生きていくうえでの心的支援につながるのである。

　③［発達］の観点──　近年の発達障がいに対する世間の関心の高まりを、「なんでもかんでも障がいと言って片づけるようになった……」と嘆く方も多い。そうした弊害もあろうが、少なくとも発達の偏りを知ることは、「がんばればなんとかなること」と、「がんばってもどうしようもないこと」を判別するのに役立つ視点ではあるように思う。

　どうして他の人と同じようにできないのか。それを責めるのではなく、それはそういうものとして受けとめ、生きやすくなる術を考えるうえで、［発達］の観点からクライエントを理解する試みは有効であろう。

　［発達］の偏りへの気づきは、本人に悪気ないまま生じたトラブルやコミュニケーションのズレが手がかりになることも多い。うまくいかなかったことに対する傷つきや他者への攻撃性など、その出来事に伴う戸惑いや感情が表現されたとしても、その出来事そのものについては、「なんだかわからなけれどそうなってしまった」というような、状況を理解してというよりそれ自体をそういうものとしてのみこむしかない、といった描写のされ方をすることがある。繰り返し小石につまずくような、生きにくさのようなものを抱えておられることがある。このような世間との「つながりにくさ」「関わりにくさ」がどこから来ているのかを考える際に、［発達］の視点をカウンセラーが持つことは有効であると思う。むろんそうしたエピソードの話し方それだけで発達障がいと断定しては決してならず、本格的に考えるには、幼い頃からのエピソードと発達検査を通してその方の能力の傾向をみるのは必要不可欠である。

まとめ

《共感的理解》とは、クライエントが感じているように感じ、クライエントが思う自身の世界を思いながら、クライエントを理解しようとし続けることである。

クライエントを理解しようとし続ける時、カウンセラーは開かれた状態でクライエントを観察し、感じとり、傾聴する。そしてインプットされた情報から今のクライエントの様相を想像する作業をする。人である以上、クライエントは常に変化をし続ける。見立ては、固定的な人物像を作り上げる作業ではなく、揺らぎのある状態像としてクライエントを理解しようとし続ける。

カウンセラーが内的に繰り返す、この"見立てを行う作業"とは、クライエントがカウンセリングを通じて深める自己理解のプロセスにも通じるところがある。自分の性質を批判せず型にはめずそのままをより深く理解しようとする。理解しきれない部分もその存在を認め、可能性として括弧にいれつつ、自分が充分に機能する生き方を模索する。クライエントへの理解を深めながら、どうしたらよいか検討を重ねる。このプロセスを丁寧に詳細に繰り返すことで、クライエントはやがて、カウンセラーがいなくとも内的に自身を理解しながら必要な時には他者のサポートを受け、自分を活かす生き方を送るようになるのではないだろうか。

Column

保育園という現場からの考察

本田幸太郎

　保育園は、まさに人間関係の坩堝で、対子ども、対保護者、対保育者とさまざまな関係が複雑に絡んでいる施設である。そのなかで保育者としてこの三条件をどれだけ実践しているかを考えてみると、保育園独自の実践のかたちが見えてくる。
　カウンセリングということばが、保育の世界でもようやく認知されてきたものの、常駐のカウンセラーやカウンセリングルームをもっているところは少数である。カウンセリングが日常的におこなわれているとは言えないが、その分、独自のカウンセリングのような形態が見られる。たとえば、送迎時の立ち話がそうである。十分程度でのやりとりで三条件についてどれだけ実践出来ているか疑問であるが、日常からクライエントである保護者と会っているうえに子どもの成長を共有しているという点で特徴がある。

　無条件の積極的関心という部分に焦点を当てた場合は、非常に濃密で長期間にわたる精神的感情的接触がおこなわれている。さらに、子どもの成長をともに見守るという点で共感しやすくリレーションは深まりやすい。しかし、その受容的態度により培った関係も、壊れやすいという点でも特徴がある。つまり、子どもの育ちという部分に関して、保育者と保護者のそもそもの立場の違いと思いの違いにより齟齬をきたすことが多いのである。そこから今まで築き上げた関係性が、一日にして崩壊するケースもまま見られる。また、一度関係性が壊れるとクラス担当を変えることがなかなか出来ずに、その良くない関係が長く続いてしまうことになる。
　そのように考えると、本当の意味で受容・共感出来ているか疑問であるが、いわゆる井戸端会議のような形でカウンセリングが行われていると考えることができるのではないだろうか。
　一致については、十分に自分の心に焦点を当てる時間をとることが難しいことから、出来ていないように感じる。葛藤を上手く消化できず鬱になる保育士も多くなってきている。またこのような職員に対してカウンセリングマインドを持って傾聴したいものの、役職や立場で話を聴いてしまい、つい受容的な対応が出来ないことがある。

feelingをベースとする共感的理解

永野浩二

ある個人的な被共感体験

　"共感"は、私達に何をもたらしてくれるのだろうか？　以下、私自身の個人的なエピソードを述べる。

　仲間と学会でエンカウンター・グループ〔以下EG〕の研究発表をおこなった時のこと。テーマは「グループの心理的安全感を高めるための工夫」で、EGのファシリテーターとしての自分の体験を具体的に発表するものであった。発表が進み、共同発表者の話を聴いているうちに、私は、他の人のようにグループの安全感を高める工夫を実際にはあまりできていない気がしてきた。それどころか、他のファシリテーターがしているような細やかな配慮のいくつかについては、そもそもしようと思っていなかったことに（発表会場で！）気づいた。私には、「優れたファシリテーターになりたい」という思いが強くあったので、その発見は、残念なことだった。できれば否定したいが、それは動かしがたい事実に思えた。そこで、抄録に書いていたことのいくつかについては訂正するかたちで、その発表を行った。

　発表会場には、私がファシリテーターを担当したグループに参加したことのある人たちが10名くらい来ており、数人が発表直後に声をかけてくれた。『確かにそうだけど、永野さんはもっと何か違うことをそこでしてい

る気がする‥‥。う〜ん‥‥」と、自分の感じを何とか言葉にしようとしてくれている人がいた。「先生が『メンバーの名前を覚えられないことがある』と言っていたので‥‥。これ、もらってください」と名刺を渡しに来た人もいた。飲み会の場所に向かっていた私をわざわざ追いかけて来てくれて「先生の発表、良かったです。それだけ伝えたくて」と言い、もとの道に走って戻って行った人もいた。何かが伝わったのだと思い嬉しかったが、その時にはそれが何かわからなかった。

　後日、ある研究会でこの時の体験についての報告をした。「何が伝わったかはわからないんですが、いろんな人が反応を返してくれました」と話していたら、研究会のメンバーのＡさんが「わたしにはわかる気がする。永野さんの言葉はすごく伝わってくる。それは、永野さんの感じていることや人柄が伝わるからだと思う。"永野さん"が伝わってくる」というようなことを言ってくれた。

　Ａさんの言葉を聞いて、さまざまなことが瞬時に浮かんできた。いちばん強く感じたのは、〈Ａさんにわかってもらった！〉〈私のことを‥‥私がどう在りたいと思っていたのかを、感じて理解してくれている人がいる〉という強い喜びだった。そう。私はあの発表会場で、確かに、自分が実際にやっていることを、残念な思いも感じつつ正直に話そうとしていた。つまり、私は、何とか「正直な自分自身であろう」としていた。そのことをＡさんは肯定的に感じてくださり、「"永野さん"が伝わってくる」と表現してくれた（そう私には感じられた）。そして、「優れた臨床家になりたい」と願いつつ「ある部分ではそうはなれない自分自身」であり続けるということは、私自身が模索し、困難さを抱えながらも長く望み続けていることであった（私は、仲間と一緒に、20年近く「自分自身になるためのファシリテーター・トレーニング・グループ」を実施していた。それは自分自身のためだった）。

　私は、Ａさんの言葉を聞き、これまでのさまざまな経験を思い出していた。同時に、自分についての新たな発見もしていた。〈そうか！　発表を聴いてくれた人たちは、そのことを伝えてくれていたのかもしれない〉〈このままの自分でいいんだなぁ……〉〈そういえば、以前の体験もそうだったの

かも‥‥〉などなど。

　私は軽い興奮状態にあった。何かをAさんに伝えたくなった。今から考えたら、感謝の気持ちと、気づき始めていた上記の発見を伝えたかったのだと思う。それは強い感情だった。しかし、その時には、あまりに強い感情とたくさんのことが浮かんでいたため、却って言葉にならず、私はそれらを味わうことで精いっぱいだった。

共感で生じること

　"共感"の威力はすごい。

　自分に受け入れがたい体験、また、人にわかってもらえるかどうか不安で混乱している体験について、誰かに共感的に傾聴してもらい、理解してもらうと、筆者たちには多くの変化が生じる。上記の私の体験も含めて従来概念化されていることを言葉にすると、以下のようになる。

　まず、「耳を傾けてくれており、わかってもらえている」と感じられると、ホッとして緊張感が緩む。孤独感はやわらぎ、聴いてもらえたこと自体がうれしくなる。そして、もっと話したくなる。聴き手との間に暖かな関係が生じる。輪郭が不明確だった自分自身の体験とのつながりが回復され、少しずつ、もしくは急速に実感をもって感じられ始める。

　同時に、自分のなかにある更なる混乱やまだはっきりしていない部分に触れ続ける勇気が生まれ、自然とその部分との関係が賦活される。体験していた事柄から新しい言葉やイメージ、身体（からだ）の感じが生じてくる。新たな体験から新たな行動（もしくは行動への勇気）が生じる。つまり、「変化していくプロセスへと開かれていく」（Rogers 1980 / 畠瀬訳 1984）のである。行動への変化には時間がかかることもあるが、先の筆者の体験は、おおよそ上記の内容を全て含んでいた。

共感的理解とは何か

　ここで、筆者が考えている"共感"の定義について述べたい。

《共感的理解》とは、単なる話し手の「話の内容 contents」についての理解ではない。それは、「内容にまつわるその人の感じ方 feelings about contents」を感じ取り、理解しようとすることである。この「内容にまつわるその人の感じ方」のなかには、「その事実に対してどう対処・工夫しようとしているのか」という「その人の意図や意欲」などがしばしば含まれている。また、この feelings は、話し方や雰囲気などのノンバーバルなものにその一部（もしくは大部分）が現れやすい。《共感的理解》とは、これらその人の感じている内容のみならず、その内容についての感じ方や対処の在り様についての理解をし、その理解を伝え、話し手との間で修正を重ねながら進んでいく相互作用的な営み（プロセス）と考えられる。

　このプロセスは、通常、以下のように進む。①話し手は、ある content (s)（や時にその content (s) についての感じ）について言語・非言語的に表現する。②聴き手は、話し手の content (s) のみならず非言語的な feeling (s) についても感じ取ろうとする。③聴き手は自身が理解したことを話し手に伝え返す。④話し手は聴き手の理解の確認 Testing Understanding（Rogers 1986）を手がかりにして、更に自分の体験に触れる。⑤確認を経て生まれてきた新しい feeling を語る。⑥以下、①以降の手順が繰り返される[*1]。

　先のAさんと私の例について考えてみよう。Aさんは、発表会場で筆者に起こった出来事 contents についても理解してくれていたかもしれない。しかし、私に伝えてくれたのは、その発表会場で私がどうあろうとしていたのかという「存在の仕方（在り様についての意図・努力）」の理解であった。それが「わたし（Aさん）にはわかる気がする。永野さんが伝わってくる」という短い言葉で語られたのだと私には感じられた。

　その結果、私のなかには、Aさんにわかってもらった強い喜びとともに、これまでの体験群とのつながりが連想され、多くの新たな感情や気づきが生じ始めた。もしこれがカウンセリング場面であれば、私は引き続き、自分自身の体験を述べ、上記のプロセスが更に進んだと思われる。

　さて、本稿では、実例をあげながら共感のプロセスを説明し、feeling を共感的に理解するというチャレンジを行う際の特徴について述べたい。

feelings about contentsへの共感例

以下、事例をあげる。

【面接場面1】

A子(中学一年生)は、友だちのB子と一緒に、カウンセリングルームに自発来談した。以下の記述は、面接場面を逐語風に記録したものの抜粋である(本稿の事例は全て、本質を損なわない範囲での大幅な変更や省略を行っている。以下、Coは筆者)。

Co1　どうしたの？
A1　どうしたら自分を変えられますか？　勉強しようと思って席に着くけど、長く着いてられない。
Co2　そう。自分を変えたいの？
A2　うん。
　　　(略)
A6　わたし、クラスの中で班長をしてるけど、うしろの男子が悪口を言ってくる。男の子と仲が悪い。(略)　わたし、お父さんとも仲が悪い。小学生になってからずっと。弟はお父さんと仲がいいけど。
Co6　(オヤっ？と思いつつ) そう。男の子ともお父さんとも仲が悪いんだね。「男」と相性が悪い？
A7　うふふ。そう。わたし、前、つきあった人がいたけど、その人が、今、いろいろ嫌なことを言う。
　　　(その男の子との状況について話す：略)
Co10　そう。せっかく好きだった人なのに、そんなことを言われたらがっかりだねえ。
A11　(頷きながら) わたし、(小学)六年生の時につきあった人とも、うまくいかなかった。
Co11　ああ、そう。残念だったねえ。なかなかうまくいかないねえ。

A12　その頃はすごかった。煙草をやってたり。わたし、荒れてた。学校も行きたくなかった。
Co12　そう。‥‥じゃあ、今は吸わなくてもよくなったのね。よかったね。でも、その頃は大変だったね。
A13　（はっとして）うん。そう。‥‥今は前よりいい（笑）。
（少しの沈黙の後）‥‥お母さんには、つきあっている男の人がいる。

（この後、母親の異性関係に端を発した悩みが真剣にA子から語られた。それは小学六年生の時、即ちA子が「荒れてた」時期と重なっていた）

　A12で、「その頃はすごかった」「荒れてた」とA子は語った。筆者は、A子が大変だった時期を思い出して話していること、今もそれと近い状態になりつつあること（少なくとも話している時の気分は、当時と似た感じがしていること）が、何となくA子の話の雰囲気 feeling about contents から感じられた。
　一方で、「すごかった」「荒れていた」と過去形で話していることから、A子が、今はまだ当時ほどは荒れておらず日々を過ごせていること、同時に、A1で述べているように、「どうしたら変えることができるか」と、何とか自分の現状を変えたいと思っていることが伝わる気がした（この"変えたい現状"が何なのかは、最初の時点では、筆者にはわかっていなかった。ただ、何かを変えたいと思っていること、それは男の子との関係や父親との関係にどこかでつながっているのかもしれない、と筆者は感じていた）。
　Co12は、上記のことを感じつつの発言だった。A子は、明らかにハッとして、既に感じつつあったが意識化してはいなかった「今は前よりもいい」状態であることが笑顔で語られた（A13の発言）。このやり取りの後、今の荒れたくなる感情体験につながるより中核的な問題である「母親の異性関係（そのことにまつわる不安な体験）」についての発言が続けられた。このプロセスは、A子のfeelingの共有によってA子が安心し、更なる課題にA子が進み始めたものであると考えられる。
　面接はこの後、母親の異性関係をめぐるA子の葛藤の話に移っていく。このテーマには更に複雑なA子の新しい実感についての話に進んでいっ

た。その内容は、A1の「勉強しようと思って席に着くけど、長く着いてられない」状態がごく自然なことだと感じられるものであった。

なお、余談だが、この次の週、A子はカウンセリングルームに来談するなり、「先生、成績上がった！」と嬉しそうに話し出した。この間、弟と協力して父親に早く帰ってもらえるよう頼み、結果的に母親の帰宅が早まり、母親の浮気が減っているようであった。A子は「また来週来る。一週間、待ってたもん！」と、メモ帳の裏に日付と名前を書いた紙を筆者に渡して帰っていった。以後、A子はカウンセリングルームの常連の一人になった。

feeling about contentsはしばしば小さな感じである

次にある臨床場面を紹介する。Cさんは20代の統合失調症の男性である。ある作業療法デイケアでのこと。Cさんの作業の手は完全に止まっていた。表情は硬く、何か考え込んでいる様子であった。それで、筆者はCさんに声をかけた。

【場面1】

Co1　どうしたの？

C1　う〜ん‥‥。

Co2　話したくなければ、無理して話さなくてもいいけど。

C2　（少し考えて）‥‥いや、話します。実は、アルバイト先でDさんになっているのに、周りからは「僕」に見えるみたいなんです。みんなが僕のことを『Cさん』と呼ぶんです。それで調子が悪くなって。

Co3　え？　もう少し話してもらってもいい？

C3　はい。この間、アルバイトに初めて行って、すごく緊張したんです。もう、なんか、すごくて、自分、なんでこうなのかって‥‥。でも、Dさんって人がいて、僕より少し年上で、その人はすごく落ち着いていて‥‥。それでDさんになったんです。でも、周り

feelingをベースとする共感的理解

の人は僕を『Cさん』と呼ぶんです。

C2の発言を聴いた時、筆者には、初めCさんが何を話しているのかよくわからなかった。しかし、C3の発言を聴いて、Cさんの話していることがよくわかる気がした。その時に筆者が漠然と感じていたことを言葉にすると以下のようになる。

> Cさんは、初めて行ったアルバイトの場面で、自分の強い緊張感をどうしていいのかわからなかった。また、そういう状態に陥りやすい自分に対して、戸惑いや、ある種の嫌悪感のようなものも感じていた（C3「自分、なんでこうなのかって‥‥」）。自分自身の感情も含めて場面の内と外の状況に圧倒されていた。その時、「落ち着いているDさん」を見かけた。「Dさんになる」ことは、緊張を感じやすい（外界の影響を受けやすい）Cさんにとって、その場を切り抜けるだけでなく、混乱の強い自分を克服するための最良の方策に思えた。傍から見れば突飛ではあるが、Cさんが自分をよりよい方向に変えようとした精一杯の工夫であることが、筆者には伝わる気がした。一方、周囲から見るともちろん、CさんはCさんのままである。周りはCさんのそんな思いには気づかず、『Cさん』と彼の名前で呼び、そう呼ばれることでCさんは自分が行ったはずの対処法（拠りどころ）を見失い、更にひどい混乱に落ち込んだような体験をした（ように筆者には感じられた）。

上記の理解をもとに、筆者は以下のように話を続けた。

Co4　そうか‥‥。それは混乱したねぇ。
C3　（パッと筆者の顔を見て）そうなんです。先生、わかりますか？
Co5　Cさんは、Dさんになって落ち着いたんだね。それなのに、周りからはCさんのままに見られて不思議だったし、Cさんのままだと落ち着けないし、困ったんだね。
C4　そうなんです！（笑顔になる）よかった。わかってもらえて。

Cさんは目に見えてリラックスしていった。その後、軽く日常的な雑談をしたあと、「大丈夫になりました。戻ります」と作業に戻って行った。筆者は「よかったな」と単純に思った。この日の活動中、Cさんはしばしば笑顔を見せ、その日一日調子が良さそうだった。

　しかし、次の週に病院に行くと、Cさんはまた調子が悪そうであった。筆者は、再びCさんに声をかけた。

【場面2】

Co1　どうしたの？
C1　調子が悪いんです。‥‥永野先生のせいでもあるんです。
Co2　え？　どういうこと？
C2　永野先生になったんです。

　筆者はすぐに先週のことを思い返し、自分の対応を後悔した。
　【場面1】の対話後、筆者とCさんの関係は確かに良好だった。筆者もCさんの気持ちがわかった気がしていたし、Cさんも「わかってもらった気がしていた」ことがCさんの様子から伝わってくる気がした。Cさんは、筆者に安心感や信頼感を持ち、「先生になる」ことが次の対処法になり、この対処法は前回同様、Cさんに混乱をもたらしたのだろうと即座に推測された。

　同時に、前の週での筆者の共感が部分的であったことに気がついた。

　【場面1】の対話を振り返ってみたい。
　筆者の声掛けで、Cさんは話すことにためらいを見せていた（場面1のC1）。それは言語化というよりも態度（「う〜ん‥‥」という「‥‥」の感じ）から伝わるものであった。この時、Cさんのなかには話をすることへの葛藤（話すことへの怖れと話したい気持ち）があったはずである。筆者にその感じは伝わっており、Co2で「無理に話さなくてもよい」ことを伝えてはいたが、Cさんは話すことへの迷い（怖れ）を振り切り、話し始めた（場面1のC2「いや、話

します」の発言)。筆者の問いかけに、葛藤を持ちつつもつい応える方を選択してしまうこと自体が、周囲の影響を受けやすいCさんの特徴であったかもしれなかった(Cさんは人当たりのよい人であった。また体格の割にどこか気弱な印象を与える人だった)。この時、筆者は「ちょっと待って。話したくない方の気持ちはどう?」と、話をすることにまつわる心身の緊張について、もう一度一緒に注意を向ける必要があった。少なくとも、話の内容に対人緊張(自我が脅かされ影響を受けやすいことを示唆する話)が語られた時点で、そのことに気づき、気づいた時点で、「この話を続けても大丈夫?」と尋ねるべきであった。このことは、話の内容だけでなく、C1から続くCさんの発言の雰囲気 *feeling* から感じられるものであった。

上記の内容は、場面2のC2の発言(「先生になったんです」)を聞いた時点で、筆者の脳裏に即座に浮かんだことだった。

では、なぜ、場面1で筆者にそれができなかったのか?

実は、筆者は、Cさんとのやりとりのなかで、独特の怖さのようなものを感じていた。「Dさんになった」というCさんの体験を聞いた時に、筆者のなかにはザワザワした感じがあった。Cさんの気持ちはよく理解できる反面、Cさんの常ならぬ体験に対してにわかに理解できない怖さも感じていた。

しかし、当時、大学院に入ったばかりの筆者は、その"怖さのような感じ"を感じることに対する"怖れ"があり、そこに注目しないまま話を進めていた(こういう"感じについての感じ"を、Cornell (2006, 2011) は、feeling about feelingと呼んでいる)。

さらに振り返ってみると、Cさんの精神症状に対する怖さを感じないようにしていた。Cさんの「Dさんになった」という、筆者には実際には理解できていない感覚に注意を向けていなかった。代わりに筆者は、Cさんの話のなかにある「理解可能な人間的な悩み」の部分にのみ、より共感しようとしていた。Cさんの話を聴いた直後の筆者の感想は、「よかった‥‥。統合失調症の人の妄想って、人間的でよくわかるものだな」というものだった。Cさんの肯定的な努力や工夫やそのことを共有することで生じた肯定

的な結果やプロセス（Ｃさんが明るい表情を見せた、作業に復帰できた、Ｃさんと筆者の関係が良くなったetc.）に飛びついてしまっていた。

　また、「心理療法とはクライエントの内面の話を受容・傾聴することだ」という固定した"信念"も筆者にはあった。もしクライエントの話を聴かないとするならば、その代わりに何をしたらいいのか、当時の筆者にはわからず、聴く以外の選択肢も浮かんでいなかった。結果として、Ｃさんは「自分を否定して誰かになる」という意図や工夫、その結果の感情のみを筆者に肯定された形となり、その後「筆者になって」しまったと考えられた[*2]。

feeling about feelingへの共感が面接を進める

　Ｃさんの面接例では、葛藤場面のfeelingsの一方のみをとらえ、他方を置き去りにしたことで症状の一時的な悪化をみた。Ｃさんには、「話したいという気持ちfeeling」と、「話したい思いに従って話すことへの怖れ（話したいfeelingについての怖れのfeelingという"feeling about feeling"）」の両方が存在した。

　では、この両者への共感が行われた場合、面接はどう進むのだろうか？
　次に、外来の相談機関でお会いしていた重度の対人恐怖の男性（Ｅさん）の事例をあげる。Ｅさんは、関係妄想（被害妄想）や希死念慮（突然死にたくなる）、家族への暴力（家族の話に被害感を募らせての結果）などの状態で相談に来られた。初回面接でＥさんは、「自分の問題に取り組みたい」という意欲と、一方、「カウンセラーである筆者に理解してもらえないのではないか」という強い恐れ（「話したい気持ち」にまつわる「怖れ」というfeeling about feeling）の両方を感じ、混乱していた。以下は初回面接記録の後半部分の抜粋である（以下、Coは筆者を指す）。

E1　とにかく不安なんです。人間不信。そういうので不安。落ち着かない。苛々するんです。感情のコントロールができない。かあーっとなったらどうなるかわからない。‥‥わかりますか？

Co1　う〜ん、伝わってない気がされますか？

feelingをベースとする共感的理解

E2 ええ。‥‥自分の話し方が‥‥。‥‥最初から話せばわかるかな‥‥。

(中略)

E3 人のなかにいると汗が出るんです。電車に乗るのが怖い。
(初めての短い沈黙の後)‥‥今、自分がわかんないんですよ。存在がわからない。仕事の事や将来の事が不安で‥‥。(中略)　先に進めないんです。人のなかにいると、「殺されるんじゃないか」と不安。

(この時、部屋の外で別の部屋をノックする音が小さく聞こえる。ちらりとそちらを見る)

Co2 気になりますか？

E4 ええ。物音とかも気になるんです。おどおどしてるんでしょうね。自分のことわかりますか？

Co3 『わかります』と言って安心していただきたいけど、(Eさんは)人にどう思われるかそのことが心配なんですね。

E5 はい。相談に来たいんですけど‥‥。話すと少しすっきりするんです。以前は対人恐怖症はなかった。治りますか？

Co4 (治るかどうか)ご心配ですね。(E：はい)

Co5 『5回くらいで治ります』と言いたいですが、どのくらいで治るかはもう少しお会いしてからでないと。もしよろしければ、"お試し"の形で3回くらい来てみられては？

E6 (少し考えて)‥‥自分の悩みはバカバカしくないですか？

Co6 その心配もおありなんですね。「バカバカしく思われないだろうか、ここでも」、と。

E7 はい。そうなんです。

(その後も、Eさんは「伝わってますかね?」「治りますか？」と何度も確認する。Coは、Eさんの迷いや怖れが伝わる気がして次のように話す)

Co7 相談に来て話すと、今のように、「わかってもらえるだろうか」「ちゃんと伝わっているだろうか」という心配が出そうなんですね。私(Co)も(他の人と同様に)Eさんを「おかしな人とみているのではないか」という不安もある。一方で、相談すると少しすっき

りするし、相談しないと治らない気がしておられる。その狭間で迷っておられるのですね。
E8　（何度も頷きながら聞いている）
Co8　この迷いは大事だと思います。来て相談すると"どう思われるか"という不安や心配が切り捨てられるし、来ないと"治りたい"という気持ちが切り捨てられる。どちらの気持ちも大事にする必要があるのだと思います。それで（とCoが言いかけて）・・・・
E9　（きっぱりと）来ます！

　上記の面接例では、Coは一貫してEさんのfeeling about feelingに応答している。例えば、E1「とにかく不安。人間不信」というfeelingに対してではなく、まず、そのfeelingを話している今・ここでの不安な感じ（「……わかりますか？」の部分）に対して、Co1「伝わってない気がされますか？」と応答している（Co3, Co5の発言も同様）。これらの応答がEさんの内的なプロセスを阻害していないことは、E2「ええ」やE5「はい」などの応答の後、引き続きEさん自身の体験を表現していることからわかる。
　面接全体を通してみると、Eさんの語りは次第に、「人間不信というこれまでの体験（仮に体験Aと呼ぶ）」と、この体験Aについて話す際のCoに対する対人不信（わかってもらえるかどうかの不安）という体験（仮に体験Bと呼ぶ）の両方について、面接場面（here and now）でリアルに実感され始めたことがわかる。体験Bは、feeling about feeling（AについてのBという感情体験）である。この体験は、まさしくEさんの対人恐怖の中核テーマであった。
　Coは、この両方を感じていることを伝え、その両方に意味があり尊重する必要があることをEさんに伝えている（Co8）。この共感的理解が、Eさんの来談への不安を和らげ、自分自身の問題にどう関わるかの自己決定を促進したと考えられる。

　以上のように、共感は"全体的な関係"である。クライエントの内面のごく一部にCoが共感してしまうと、先のCさんの事例のように、プロセスの一部のみが進み、全体的なプロセスは却って停滞する。Cさんの例でい

えば、場面1の共感例では、その場の緊張の解消や筆者との安心感の醸成には役だったが、症状自体は反復された。

藤山(1999)は「私たちがクライエントに共感していると感じている時、クライエントの別の側面を置き去りにしている可能性」、即ち、共感の落とし穴とでもいうような状態について述べている。ある部分に意図的に「共感しよう」と思うと、「クライエントの他の人格部分とのつながりは断たれてしまいがち」となり、「その結果、全体的なひとりの人間としてのクライエントはセラピストの前から消えてしまう」(藤山1999)こととなる。

その際、セラピスト(カウンセラー)は、みずからのさまざまなfeelingとコンタクトを失わないようにする必要がある。このことは非常に重要であるが、今回は紙面の都合で述べることができない。カウンセラー自身の様々なfeelingとコンタクトを失わないための方法については、セラピストフォーカシング(吉良2003)がヒントとなる。参照されたい。

おわりに

この雰囲気(feeling about contentsおよびfeeling about feeling)への共感的理解の特徴を述べて、拙論を終えたい。

① 共感的理解には、内容 contents の理解だけでなく、内容についての感じ feelings about contents への理解が重要である。
② しかし、「内容についての感じ」は、非常にささやかな形で表現される。もしくは、しばしば言語化されないまま進む。その際、重要なのは語られ方、非言語的な雰囲気である。
③ また、「内容についての感じ」には、しばしば、それを感じることや話すことについての別の感じ(feeling about feeling)が生じていることがある。この意味で、「内容についての感じ」は、複数のfeelingのまとまりfeelingsである。

④ カウンセラーは傾聴の際、この言語化されることが少ない「内容についての感じ」や「感じについての感じ」を自分自身の内側で感じ取るよう注意する（注目する、関心を示す）必要がある。
⑤ このfeelingsの言語化は、しばしばクライエントの自己理解を助ける。
⑥ 共感的理解は、この内容についての感じが共有されている時に生じる。

*1　このプロセスを、Gendlinは「フォーカシング」と呼んでいる。筆者が本稿で述べる内容のほとんどは、Gendlinの体験過程理論をベースとしている。詳しくは文献（Gendlin 1964/1984/1996）を参照されたい。また、筆者が述べているfeelingsは、Gendlinのフェルトセンス felt senseの概念とほぼ同じである。しかし、felt senseは、多くのものを含む可能性のある概念である。そこには、例えば、語り手の話のcontentへのfeelingだけでなく、その場でのカウンセラーとの関係についてのfeelingなども含まれる。筆者は今回、共感的理解のプロセスの説明概念として、これらのfeelingを分けて述べる必要があった。そこで、本稿では、felt senseを、あえてfeeling about contentsと表現したり、feeling about feelingと表現したりしている。

*2　Cさんや他のクライエント（特に精神病のクライエントや思春期のひきこもりのクライエント）との体験から、現在は、こういった怖れにそっとついていく、場合によってはただ傍らに共にいるイメージが、以前よりは随分しやすくなってきた。もっとも、実際には、何かをする*doing*方が、そこにいる*being*ということに比べて、やはり筆者にはイメージしやすい。
　ところでこの体験は強烈で、これ以後、筆者は、侵入されやすい脆弱なCさんの自我状態が少しは理解できた気がした。そのため、以後は、Cさんの葛藤場面を尊重しつつも、場合によっては、あえて葛藤場面からふたりで距離を取り、現実的な生活の質が少しでも向上するよう自我支持的な面接を行うようになった。一方、Cさんは、筆者との初期の面談時、確かに精神症状の一時的な悪化が生じてはいたが、それにも関わらず、関係性は非常に良好となり、以後、寛解状態となってからもその関係は継続された。そう考えると、場面1の筆者の応対について、当時は筆者は非常に反省し、何もかもが「未熟な自分の対応のせいだ」と反省し

ていたが、その全てが悪かったわけでもないのだと、今では考えている。共感的理解とは、一回のセッションのなかだけで判断するものではなく、長期的なプロセスとしても考える必要があることを添えておきたい。

共感、その個別性

森川友子

私の共感のスタイル

『先生が、「〜なんですね」とおっしゃるとき、そうそうと思うこともあれば、少し違うと思うこともある。その両方とも、私が本当に思っていることに近づく助けになります』これは私のクライエントさんの言葉である。

別の方はこうおっしゃった、『「言葉は、はっきりしていなくても伝わるんだな」と、先生の話し方からそう思う』と。

私の応答が、とりあえず言いながら探るという試行錯誤に満ちていることにより、クライエントさんが何となく影響を受け、自己探求に入って行かれる場面は少なくない。これが私の在り方のメリットだ。しかし、このようなセラピストでは相性が悪いと思う方は、私の許を去っていくだろう。

私が思うに、《共感的理解》の在り方には実に多様なバリエーションがある。友だち関係や夫婦関係で、相手の気持ちを汲み取る着眼点や、思いやりの表現方法が人それぞれであるように。

共感の在り方やその表現型について、考えを巡らせてみたい。

共感とこころの層

　生きているうえで共感性が全くない人はおらず、大なり小なり自分のチャンネルを使って共感する。人のこころには海と同じく表層、中層、深層とあり、相手のどのあたりをキャッチするかによって、共感の様相は大きく異なってくる。大学には多くの人がいて、共感の仕方も求め方もさまざまだ。ときどき見かける出来事を、ストーリー仕立てにしてみたい。

　　学生P氏が、同級生C氏について語った。『Cは無理していると思う。しっかりしているし皆から頼られるけれど、Cと一緒に居ると"陰"を感じて苦しくなる。Cはどこかで助けを求めている』。そしてこう付け加えた。『先生も"陰"がありますね。先生の"陰"は、通り抜けてきている陰だから、一緒にいて苦しくならないけど』。私は、自分の感触で捉えるP氏を凄いと思ったし、Cや私自身のことについて同感だった。
　　ところが何週間かして『軽い相談いいスか』と、Cがやってきた。『Pからメシに誘われるのは嬉しいけど、一回に二、三時間になって疲れる。何か、帰りたがらない。断ろうと思うけど、デリケートな奴のような気がするので……』と言うのだった。
　　つまりCは、Pがしたようなやり方でサポートされたいのではないのだった。しかしPにしてみれば、Cがこころの底で助けを求めているのがありありと伝わるから、もっと何かできないか、時間を過ごせば語ってくれるのでは、と思うのだろう。

　共感というと、時としてPのように直観的に深層あたりをつかんでしまう人がいる。しかしPはCのこころの表層にある「今はこのまま行きたい」という部分に共感し損ねている。Pのようなタイプの人がセラピストになると、子どもとのセラピーは上手く行くけれど、クライエントさんの年齢が上がるほど難しくなってくるように思われる。

共感の極地

　ロジャーズはこのあたりのことについて、「クライエントがほとんど気づいていないようなものを感じるけれど、その人が全く気づいていないような感情の覆いを取ったりはしない。なぜならそれは相手を脅かしてしまうから」と述べている(Rogers 1975)。多様な水準の気持を感じ取ることが出来て、どのくらい相手自身がその気持ちに気づいているかということにも共感しながら、こちらが傍にいることができたらならば、その人全体に共感し、安全に寄り添えるということになるのだろう。なんとも高度なことだ。

　Freire (2001) は、共感には①共感的体験(他者の内的世界に入っていくこと)、②共感的理解(感情を感じ取り理解すること)、③共感的応答(それらを伝えること)、という三つの成分があるとしている。すべての発端となる①共感的体験について、興味深い記述しているのはやはりロジャーズである。

> ○相手の私的な知覚世界に入ってその襞にまで通じるようになること……(Rogers 1957)
> ○もし私が共感的にあなたを理解し〔略〕、あなたの世界に入り込んでそっくり同じような考え方ができ、しかもあなたを受容するならば……(Rogers 1961)
> ○それは、他者の個人的な知覚の *perceptual* 世界に入っていき、その中で完全にくつろぐことを意味します……(Rogers 1975)
> ○クライエントの世界が、セラピストによくわかり、そして、その中で、自由に動きまわることができる時には……(Rogers 1965)
> ○クライエントの世界がカウンセラーに明確になって、彼がそのクライエントの世界の中で自由にふるまえる時、カウンセラーは、〔略〕クライエント自身がほとんど気づいていない経験の意味を、告げることもできる……(Rogers 1962)

　「世界に入る」ところまではまだしも、他人の中で「完全にくつろぐ」「自

共感、その個別性

由に動き回る」とは、尋常な表現ではない。それはクライエントの体皮の内側に入る体験のようだ。むろん、「決して"〜のような"という性質を失わない」(Rogers 1962)といった言い方でas ifが強調されていることからみると、イタコのようにすっかり乗り移ってしまうのではなく、ロジャーズの一部がロジャーズの身に残り、なおかつ、相手の中にも入っているという、部分的幽体離脱体験と言えるだろう。それはきっと心地よいピーク体験であるだろう。

質問をするのか、しないのか

さてロジャーズもさすがに、クライエントとあまりやりとりしないうちから「半イタコ」状態に入るわけではないようである。応答を見るとそれがわかる（Raskin 1974)。

 Cl 昔からよくある話です。母親とか父親というものは子どもにああしろ、こうしろと言い、子どもというものは反発心を抱くものです。今私の両親と私のあいだで起こっているのはそういうことです。

 Th あなたのおっしゃっていることはこういうことでしょうか。それは一般的によくあることで、自分にもまさにそれが起こっている。ご両親があなたにああしろ、こうしろと言い、あなたは「そうしたくない」と感じる。

 Cl そうですね、そう感じるというのではなくて、私はそれを言うんです。もちろん、私が言うことと、することとは、また違うんですけどね。

 Th うーん、うん。まだ私はそこがはっきり分かってないようです。あなたは、それを言うけれど、本当には感じていないことを言う。

 Cl ええ、こんなふうに言ったらいいですね。母が私にこうしなさいと言うときには、私がそれをしたいかどうかにかかわらず、しな

ければいけなんです。でも私は、これをするってことは気が進まないんだってことを母に知らせたいわけなんです。
Th　なるほど。ではあなたがおっしゃっているのは、「彼女は彼女の望むやり方で私に何かをさせることができる。けれど、彼女は私がどんなふうに感じるかってことまでコントロールすることはできない。私は、自分がどんなふうに感じているかを彼女に知らせるんだ。」
Cl　まさにそのとおりです。

　「共感は、〔略〕正確かどうかを、あなたが受け取る反応を頼りにして頻繁にチェックし確認することを意味する」（Rogers 1975）という言葉どおり、ロジャーズは頻繁に尋ねていて、その所作はしつこいぐらいである。このようなやりとりが、ロジャーズにとって共感のピークへと至る手段である。
　ただし、皆がそのやり方を目指した方が良いというわけでもないだろう。セラピストが共感的理解を深めるために質問をするのか否かについては、セラピスト間でかなり意見の相違がありそうである。
　フォーカシング指向心理療法のコーネルはこう語っている──『私は質問をあまりしない方です。質問をするとクライエントの注意がセラピストの方に向いてしまいます。私が理解できていなくてもクライエントのなかで作業が進んでいればそれでいいのですし、質問をしなくてもそのうちわかってきます。私はクライエントの息遣い、肌の色の変化、こちらに起こってくるフェルトセンスなどから、クライエントを感じています』（2011年福岡での講演より）。
　イギリスのメアーンズは、質問はもとより、セラピストの応答自体が少なかったデモンストレーション・セッションについて記している（Mearns 1994, 2000）。

　　私は〔略〕全神経を彼に集中させて、ただ彼と共にいました。〔略〕そのビデオを観てみると、〔略〕私は、ほんのわずかしか話をしておらず、

〔略〕驚きでした。〔略〕私は、〔略〕彼のなかで起こっている感情の動きの一つ一つを感じとることもできました。もちろん、その感情がいったい何なのか、あるいは何に関したものなのかを正確に知ることはありませんでした。後に彼がセッションでの体験を語った時、私が感じとっていたそこでの体験は彼の体験とごく近いものだったと思いました。〔略〕私はまた、そのセッションの間、私が一緒にいることをテリーに知らせるために身体や言葉で何かをする必要はない、ということを知っていましたしし、さらにそれより重要なのは、私と一緒だということを彼が知っているということを私は知っていたのです。

　メアーンズはクライエントを肌で感じとっており、クライエントにとってはそれで充分だったようである。クライエントにとって今何が必要か分かっていれば、その体験の細部までは分からなくても良く、クライエントが自分の体験に入っていくことを最重視する。——そういったメアーンズの態度が伺える。
　コーネルやメアーンズは、言葉を介してのやりとり以上に、クライエントと共にいる場のなかでこちら側に起こってくることに注意を向け、クライエントを感じ取っているようである。

セラピストの情緒を付与するか、しないのか

　メアーンズのセッションで、ほとんど言葉がなかったということだったが、メアーンズはそばに居るだけで非常に情緒的に濃い感じがする人なので、言語なしで十分伝わりあったと言われても頷ける。これと対局的かもしれないのが、アメリカの巨匠、ラスキンのカウンセリングである（JIP日本心理療法研究所 2002）。

　　Cl　学校に通っていたとき、ガールスカウトの大会があって、私は〔略〕父に一緒に行くかどうか尋ねました。父は『行く』と言いましたが、うれしそうではなかったんです。

Th	彼は乗り気ではなかった。でも行くと	
Cl	乗り気ではなかったです、〔略〕父は無理をしていたと思います。〔略〕父と二人で過ごした思い出はそれだけです。〔略〕	
Th	父親との間には大きな溝があると感じたんですね。だから父親とは親密な関係を築こうとしなかった。思い出すのは断片的な記憶だけ。	
Cl	父は家族のために懸命に働いていたので、かなり疲れていたのだと思います。それは私にも分かります。	
Th	父親を責める気はない。	
Cl	ありません。父なりに努力していたと思います。私の努力が足りなかったのだと思います。※	
Th	父親と親密な関係を築くためにもっと努力できたはずだと感じるんですね。	
Cl	ええ。宿題をもっと教えてもらうとかね。〔略〕	

ラスキンは正確にクリアにまとめて返すのが特徴で、クライエントからその応答のすべてを肯定されている。一方、情感の面では変動がほとんど見えない。唯一、上記〔※〕部分でラスキンは遺憾だったのか、相槌の語尾が少し下がり、Clを見やっているが、他は同じ相槌、表情であり、常に真摯に、共に視る者としての態度を取っている。それはそれで、クライエント側は落ち着いて自分を眺めることができそうだ。

共感的応答の在り方を変えることは可能か

巨匠のセラピストたちがこれだけ異なっているのが驚きだが、セラピストがそれぞれであるということは、クライエントの好みもまたそれぞれかもしれない。だとすると、その方に合うようにこちらの在り方を変えられれば一番いいということになる。

折しも私は、学生A氏とペアで練習をすることにした。形式はフォーカシングとし、フォーカサー（クライエント側）がリスナー（カウンセラー側）にど

共感、その個別性

こまで正直に要望を出せるのか、リスナーが要望に応じてどこまで柔軟に変われるのか、実験をしたのである。

　初日に彼がフォーカサーになった。彼は、要望を伝えてくることはなかった。しかし後で尋ねると、過程の流れを留めてまで注文をつけたくなかっただけだった。彼の私に対する要望とは、伝え返しの言葉はそのままで良いが、相槌を減らして欲しいとのことだった。

　二日目、私は相槌を減らした。彼は途中で一箇所私の応答を遮っただけだった。しかし後で聞くと、やはり私のリスニングは彼にとって良くなかった。彼は、今度は伝え返しを減らして欲しいと言った。

　一方、私がフォーカサーをした二回のセッションも、うまくいったわけではなかった。彼がゆっくりしゃべり、言葉と言葉の間を開けるので、私は随分と彼のほうに注意が行ってしまう。彼が言葉選びに気を遣うのも私にとってはあまり必要ではなかった。しかし、言葉のペースを変えることをお願いしてしまうと彼の本来性を損なう気がした。

　私たちは話し合った。そして私は提案した。双方にとって残された道は、それしかないように思われた。

　三日目、最初に私がフォーカサー、彼がリスナーになった。あらかじめ決めておいた通り、彼は静かに相槌だけで後をついてくる。私が沈黙して感じ、時折報告し、彼が相槌の声で応じる。今まで誰かにこのような聴き方をしてもらったことはない。

　応答を最小限に制限したなかでは、彼の存在は全く邪魔にならず、同時に、逆説的だが彼の存在が際立ってもきた。『はい』という言葉ひとつ、いやそんなシンプルな発声だからこそ逆に、彼がどんなふうに共感してくれているかの質感がわかる。それに、彼の声や空気感は——まるで、かつてしたたかに傷ついたことがあるというような、だからこそ何をも傷つけまいと気遣うような、しかしそれがどんなに難しいことか重々知っているというような——、そんな彼の佇まい、今思えば、それは彼とのセッションだったからこそ出てきたものだろう。私は自分のなかに見慣れないものを見つけた。

　あまりに微かで、私がもっと見たいという欲を持つとそれは消えてしま

う。とても微妙なかかわりを要する。彼が、「ああ」「はい」と置いていく、わた雪のような声を借りながら、私は何も押し付けないように、そっと、そっとと心がけて、長い時間を過ごした。突然"それ"は開けた。

「怖い、怖い、怖い」、何が？　いつから？　何となくそれは記憶が始まる以前に得た感覚のように思われた。私は今までフォーカシングをやってきて、未だ来たことがなかったところに自分が来たことを知った。

また不意にもうひとつの感覚を感じた。てらてらと黒光りし、力強く迫力を発し続ける。こちらは慣れ親しんだ感覚だ。言葉が浮かび上がった。「この世は怖いところ、怖いからこそ必死」、そう……私は毎日この黒光りの石のように生き、ほとんど休むことをしない。発することで自分のなかの何かを守り、誰かを守り、そうするうちに異様なほどタフになったというわけだ。私は自分がわかったような気分で過程を終えた。

終わって彼は『すみませんでした』と言った。私は「そうだろうな」と思った。一瞬寝ていたというのである。しかし私は気にならなかった。私が自分のなかの微かなものに接するとき、ほとんど寝るような「無」を心がけたのだから、そのありようが彼に伝染したのだろう。いや、そもそも彼が「無」だったから、私が「無」の態度を取り入れて、何とかあの難しいものと付き合うことが出来たのだ。さらに別の角度から言えば、我知らず寝てしまうような純粋な人との間でなければ、今日出てきたような傷つきやすいものは、出てこなかっただろうし、そういう彼のありようを私が共感的に感知したことが発端のひとつである。すべては、お互いが、どちらともなく作り出したものだ。

交代して彼がフォーカサー、私がリスナーになった。私も相槌だけでついていった。内容はよく聞き取れなかったものの、彼は、何か欲のようなものと戦っていた。彼は落ち着いて、上手く「それ」との付き合い方を試していた。

終わって、彼は私の応答についてこう言った。『ちょうど来てほしいところに来る』『自分で机を叩いて音が返ってくるように、ちょうどのものが来た』。私は八割方、嬉しく感じた。というのも、私は自分に十割方、満足していたわけではなかった。極端に発言を控えながらそばに居ると、彼の欲

共感、その個別性

が何であるか分からないままに、人としてただ満たしてやりたいという私自身の欲が引き出され、そのせいで特に前半、私の声の大きさが適切なレベルを超えがちだったからだ。私の応答は全てぴったりというわけではなかったはずだ。しかし、欲と戦う彼の傍で私は私の欲を抑え、そして、ある程度のところまで彼の求めに近づいたのだろう。そんなときには、「その範囲であればOK、心地よい」と感じてもらえるゾーンに入るのだろう。そう思われた。

双方向の共感の先にあるもの

これは、たまたま私たち二人の組み合わせにとっては、音声だけで共感を伝えるという在り方が合っていたということであって、他の人にこれをお勧めするわけではない。私自身、別の人と組んだら、違う応答の仕方を求めるかもしれないし、求められもするだろう。

カウンセリングでは、こちらが理解しているということを伝えるために、適宜、言葉にして伝え返すスタイルが一般的であるから、「伝え返せないほど長く語られる場合、少し立ち止まってもらって、話をまとめるように」と私たちは教わる。しかし中には『話している最中に流れを止められたくない』と言い、文字どおり一息に語る学生を、私は少なくとも二名知っている。かと思うと、とめどなく話す人の話を遮らずに聞いていたところ、『自分は脱線しがちだから割って入ってまとめてほしい』と言われ、面食らったこともある。そしてもちろんセオリーどおりに、『要点を伝え返してもらうことで、理解してもらっているとわかって、本当に安心できる』と語る人もいる。

私たちの実験は、クライエントとして要望を出すこと、セラピストとしてそれに応じて反応を変えることは、簡単なことではないことを物語る。だからこそ相性の合うセラピストを求めて転々とする人がいるし、逆に相性が多少合わなくても我慢して、それなりに時間を活用している人もまた多い。実際、セラピストの応答が多少ずれ気味でも、割り切って自分で過程を勧めることは出来るものだ。

しかし、もし、クライエントとしてそうしてみたくなったら、セラピストの着眼点や応答の表現型に、注文を付けてみるのもいいかもしれない。話し合いといくらかの試行錯誤の後、お互いが自分自身で居ることを失わずに、かつ、なるべく歩み寄った在り方で、語り・聴き・伝え返しが行われると、セラピストはそれまでよりもクライエントが理解しやすくなり、同時にクライエントの側も、セラピストに共感しやすくなる。二人のあいだに開かれるトンネルを伝って、セラピストの存在の質がクライエントに届き、クライエントの中の何かが共鳴する。そこで展開するものは、そのセラピストとのあいだでなければ生じなかったような、唯一無二の過程、かも、しれない。

企業研修講師としての
"中核三条件"への関わり方

寺田正美

　二十数年の間、カウンセラー養成や企業管理職にカウンセリングと言うよりは'積極的傾聴'の研修や指導に関わっている。この間いつも伝えたいと強く願ってきたことは、今回テーマとしていただいた'中核三条件——受容・共感・一致'をどのように伝えていくかである。この方法ならば確実と思う確信も新たな場面に向き合う度にさらなる工夫が必要と痛感する日々である。

　しかしながら、このことに落ち込むことは全くない。日本カウンセリング学会認定スーパーバイザーとして、また日本産業カウンセリング学会におけるスーパーバイザー養成講座のトレーナー役割として、スーパービジョンを学び、その役割を担うことで、カウンセリングは生涯この職業にあるかぎり、学び続けるものであることを信念として理解できるからだとも言える。この不確実な現実社会で変わらないものは何か、逆に変わることが求められているものは何かを模索しながら、その世界で生きている人間に焦点を当てていくとき、この三条件を深く理解し、実践出来ることは必須ともいえる。

　さて、研修現場でこの三条件が本来の意味とは全く違って理解されていることに愕然とすることもしばしばである。言葉だけでの伝達では、受容は「部下の言うことをいつでも'イエス、ＯＫ'なんて言ってたら、育成なんか出来ませんよ。」とか、共感は「一緒に泣いたり、怒ったりしていてどうなるんですか」そして一致は「私はいつでも腹が立つときは言ってますから、一致してますよ」という反論を受けることがある。このような現場で一体どうすればわかってもらえるだろうか、、、受講者自らが'内臓的感覚'とでもいえる感覚で感じた体験が、突然の変化をもたらし、大きな気づきとなる。

　この解に'ヒラメキ'を得たのは1990年代の終わり頃、数年間参加し続けたＡＣＡでの『Supervision Strategy』との幸運な出会いにあった。この本を持ち帰り、帰国後『スーパービジョンの技法』（2003年、培風館）として出版した。この翻訳に共訳者として関わることで得たことが、私自身を育てることとなった。この書籍の中では、現実の言葉の'やりとり描写'でわかりやすく表現されている。その後、この本をテキストとして、講座の開催を続けることで新たに理解を深めたことが、本

業のカウンセラーや研修講師としてのあり方に'衝撃的な'とも言える位の変化をすることとなった。すなわちパウロ・フレイレ（Paulo Freire）の唱える'銀行家型教育'からの脱却である。教師は自分の権威を示すために'正解を教え、記憶させる人'ではなく、受講者が'自分の成長のために、自ら＜解＞を探索し、選択し、その結果に自己責任をもつ'というプロセスを共に歩む協働者としての存在となるという認識である。

　自社が世に貢献し、高く評価されることで、業績を上げたいと'タテマエ'？で言いながら、その一方では、自分のチームの業績数値を上げたい、すなわち、自分の評価があがり、認められ、それなりの処遇を受けたいと苛烈な競争社会で栄達・出世を願うのは、人間として企業組織の中で生きるにはある意味では当然のこととも言えるだろう。しかし、人間がどのような時に、意欲的になり、心身が健全となり、他者と協働し、自己の能力開発に取り組もうとするのかをわかってほしい。そしてそのためには、働く人たちが自分の人生、仕事人生を生き活きと生きていくことが、基盤となることを納得してもらうこと、すなわち関係性の中に三条件の実践があること、そしてこのことは、マネージメントとの矛盾はないことを納得してもらうことである。この三条件を'知識'として伝えるのは容易である。しかし、こうありたいと思ったとしても、その'思い'を'在りよう'として、言動・行動変容として体現するには、自分自身の脳を駆使して、感じ、考え、体験する過程を歩むことが必須となる。このような発想で研修内容を工夫し、その実践をすすめていくことで、ささやかながらも成果をもたらすこととなった。

　まだ数年間は'カウンセリング'を職とするこの世界で生きていくであろう。さらに切磋琢磨し、研鑽を積むだけの気力、体力が続くことを願う日々でもある。

「共感」について緩やかにとらえてみる

下田節夫

はじめに

　日頃、私がカウンセリングのなかで行っていることについて、「共感的理解」という角度から考えてみたい。まず、ある事例について、その経過を示し、筆者にとって印象的だった点をとりあげた後、それらを含むようなかたちで、「共感的理解」についてやや広く考えてみたい。

事　例

◆経　過

　Aは大学4年生男子、5月に来談。主訴は、対人関係が続かないこと、また進路選択の問題もあった。家族は、定職のない父親と会社員の母親との三人暮らし。面接は、ほぼ週1回45分で22回おこなわれ、翌年1月に終結した。『　』はAまたは他の登場人物の作品、〈　〉は筆者の発言、《　》は筆者の感想を示す。

　①初期

　【初回】(5月)——対人関係で、人に近づくといやになる。大学で何人もと知り合ったが、面倒くさいと感じて離れた。アルバイトでは自信がある。

どちらが本当の自分なのか。父は、会社を辞めては再就職を繰り返している。大学の教員から、男性性の獲得が課題と言われたことがある。以前学校で、いじめられた経験がある。今後大学院に行きたい気持ちもあるが、就職と両方を考えようかと思う。自分の考えを、どうしても家族に言えない。趣味はある。そこに逃げているとも思う。筆者は〈何かを持っている感じがする。ここで、何でも率直に言ってもらえるとよい〉と伝えた。Aは、対面する筆者の顔を絶えずチラチラと見ていた。

【2～6回目】アルバイト仲間と遊びに行き、つきあいは深くなっている。自分を見つめてみたい。〈既に見つめている。見る力を生かしてほしい〉と伝える。気が短くなって、イライラする。ネット・ゲーム・漫画を止められない。"空が明るくなって"漸く止める。〈すごい力が働いている、取り憑かれている感じ〉。極端から極端。それだけになるか、逃げるか。適当ということができない。自我同一性は確立したと思っていたが、今までの面談から、していないと思うようになった。就職課に行く気にならない。行くと『今まで何やってたの？』と言われそう。〈大丈夫、まだ決まっていない人も多い〉。母に話したい、母に話すこと大切。〈そう思う〉。

②アルバイト先での新しいかかわり

【7回目】(7月)──アルバイトで、なぜかシフトの終わりが早く設定されていた。その少し前に『残ってほしい』と言われたが、『無理です』と断った。『じゃ仕方がない』と言われ、『でも私が抜けたらどうするんですか？』と訊いた。結局残った。アルバイトを辞めたい。店長がシフトをちゃんと入れてくれるか、わからない。筆者には事情がよくは分からなかったが、〈いったん『残れない』と言ったのだから、『できません』と帰るべきだった。『どうするんですか』は余計、言われた方は嫌な気がする。斜めに構えている。正面から言ったほうがいい〉と伝えた。Aは、"斜め"と言われ、いつものことと思った、逃げている、これから変えたい、今日正面から話してみる、と応えた。〈大事なことと思う〉。就職課に行ったが、思ったほどのことはなかった。〈そこでも現実に触れている〉。

【8～10回目】店長と話した。『どういうつもりだったのか？』と訊いたが、特別なことではなかったよう。以前、ゼミに遅れても電話しないこと

があった。今日は途中で電話できた。相手に悪いと思うと、するべきことができない。〈その気持ちはよくわかる〉。教員と話せて、改めて母親と話したいと思った。今日話すか？　機嫌はどうだろうか？　〈お母さんの機嫌が気になる？〉大学院に入れなくてと話すか、勉強を全然していないことを言うか……。話すのはもう少し先に延ばす。〈わかった〉。逃げている、店長のときと同じ。母とは25年間それで来た、変えるのが難しい。〈そうだと思う。でも話すとお母さんは安心すると思う〉。今、将来は真白、まだ他人事。だけど、やらないと後悔する。アルバイトの考えが変わった。以前の営業と違い今は接客、客の心に合わせて動く。面白い。働く姿勢としてとてもよいと言われた。就活のＰＲにもなる。手応えがある。

③対人関係での傷つきを語る

【11回目】(7月)——体調悪く、就職説明会に行かなかった。来週必ず行く。スーツを買った。留年すると50万円かかることがわかった。やはり卒業して就職しようと思う。就職課に行かないと。本で「人の決め方は論理よりも感覚的なことが多い」と読んだ。理論・論理こそ正しいと思ってきたが、実際の自分はそうでなかったと気づいた。論理的でない人が嫌いだったが、自分のことが嫌いだったのだとわかった。〈大きなことだと思う〉。ずいぶん変わってきたが、対人関係はまだ変わっていない。大学に入って友人ができたが、近づき過ぎて裏切られた経験がある。周りの話に入れずにいたときに、ある人（B）から『浮いていると、以前のようにいじめられるよ。皆もそう思う』と言われた。それでもうダメだと思った。いじめられた体験を笑い話でしていたが、それを持ち出されてとても辛かった。その後、声をかけてくれる人もあるが、疑ってしまう。〈大変なことだった、『皆も』と言われては、たまらない。でも、皆そうだと思ってはもったいない。Aさんは傷ついたが、他の人はたぶん気にかけていない〉。店の先輩にこころの広い人がいて、自分の傷を見抜いてくれた。人と付き合いたい気持になってきた。〈それを聞くとホッとする〉。アルバイトの全員で遊んで、楽しかった。

【12〜13回目】留年することにした。〈母に伝えた？〉まだ。家の財政が苦しいので、親は困ると思う。大学院と就職と、両方を考える。勉強が少

しできるようになった。就職説明会に行く。現実に触れるとなると気が重い。店の先輩と何回か飲みに行った。『Aの自然でいい』と言われた。楽しい。〈初めて経験！〉。言われることが、参考になる。『体裁を気にし過ぎ』と。いじめのことも話すと、『僕は全然関心ない』と言われて、楽になった。〈Aさん自身には大きなことだが、確かに他人には関係がない〉。そうなのかと思った。アルバイトの人たちとの接し方が変わった。前は、「ゲームは悪いこと」と思っていたので、『やる？』と訊かれても、あいまいに答えていたが、今は『はまっている』と答える。〈とても自然と思う！〉。人に対応できるようになってきた。前は、相手の反応を見ていた。今は、素直に対応できる。進んだ感じがする。〈そう思う〉。

④母に話す

【14回目】(10月)——母に話して、一年延ばすと言った。母は『そう思っていた』と。勉強と就活とアルバイトをすること、了解してくれた。対人関係は、ずいぶん良くなった。立ち位置がわかった。そこでいいという感じ。前は近かったり、遠かったり……。〈感覚を頼りにするのは大切〉。前バラバラだったことが、全部つながった。前と全然違う。変わってきているんでしょう。〈やれそうだね！〉

【15～19回目】アルコールには強いと思っていたが、洋酒と日本酒を飲んだせいか、吐いた。自分がダメだ、になった。〈何か意味があるのではないか。新しいこと〉。自信があると思っても、やはりない。就活、少しずつやってみよう。店の先輩をまねて、指示を出してみたらうまくいった。充実している。仲間でどんどん親しくなっている。前と違う。〈自分を掴んでいる〉。新しい楽器を買って、やっている。生活のリズムのために何か習い事をしたい。母の薦めるものがある。《直ぐに母と言う！　本人は？》やりたいのは楽器の教室だが、高い。〈どうやって決める？〉パンフを取り寄せて、相談して、自分のやりたいことがいい。着てきた服について、値段が高いと語る。好きな店がある。〈好みがあるんだ〉。上から下まである。死ぬ夢を見たことがある。「胸を撃たれて血が流れ、もう危ないと言われる。痛くはない。病院に連れて行ってもらい、そこで倒れて死んで目が覚める。」いい夢かもしれない。

⑤グループでのできごと

【20回目】（12月）——カウンセリングの勉強会で、カウンセラー役で応答したのを、ボロクソに批判された。自分全部の問題にされた感じで、どうしていいか分らなくなった。〈Aさん全体が問題、とは言えないんじゃないか〉。久しぶりの孤独感。皆と自分の間に線が引かれ、自分だけが取り残された。〈その場の力がAさんのことを問題にするように働いている〉。そうだと思う、危険な感じ。客観的に見えてきた。一人でも気づいている人がいれば違うだろうが、誰も気づいていなかった。この話ができて、楽になった。すっきりした!!

【21回目】次の勉強会で、ネガティブにならないように言って、よい雰囲気になった。昨日授業を休み4回になる、もう単位を取れないか。〈あきらめないで〉。受動的より能動的になる方がいいと思った。アニメで"ねだるのでなく、自分から動け"というのがある。その影響も。自分の深い問題だと思う。《Aさんの目の動きが変わった、真っ直ぐ見てくる》。自分勝手な人が嫌いだったが、少し自分勝手にならないといけないのかも。

⑥終結

【22回目】（翌年1月）——〈これまで目がチラチラしていたが、12月になって減った〉。気づかなかった、緊張していたのだと思う。カウンセリングは一度受けてみたかった、こういう感じとわかった（笑）。今は問題は何もない。一年で成長したと思う、ありがとうございました。大学院への進学、現実には無理と思う。母にはまだ言っていないが、気づいていると思う。就活をする。働きながら勉強して、その上で大学院ということも考える。〈よい線だと思う〉。アルバイトでこんな経験をするとは思ってもいなかった。先輩に似てきた。職場は楽しかった。子どもが好き。バイト先の店で、親が構ってあげない子どもを追い掛け回したりして遊ぶ。〈今日の話、しんみりしたね〉。

⑦その後

本稿を書くに当り、電話で了解をもらった。まあ何とか過ごしているということだった。

◆印象的だったこと

次に、Aとの印象的だった幾つかの点について書いてみたい。

①店長への"斜め"のかかわり方からの変化

7回目にAはアルバイト先の店長に対して、「残る」ように頼まれたのを断ったにもかかわらず、『どうするんですか』と訊いたと語った。筆者には、二人の間で何が起きたのかよくはわからなかったが、ひっかかるものがあった。店を辞めたいという話も出ていた。せっかく自分に自信が持てる場であるのに……。また筆者には、Aには能力があるのに、それを生かす基盤がぐらついているようだ、という全般的な印象があったと思う。店長に対しても正面からかかわる力があるのにそれを生かしていない、という感じがあった。そこで、「斜めに構えている、もっと正面から言ったほうがいい」と伝えた。

筆者の発言は、Aに届いたようだった。彼は、ともすれば人との関係で"斜め"に構えてしまいがちで、それを変えてみることに意味がありそうだと受け止め、そう筆者に告げてくれた。そしてそれを直ぐに実行に移した。この回伝えたことは、Aの（目上の人との）対人関係の根幹に触れることだったように思われる。

②対人関係の問題の発端と解消

11回目に、Aが初めから訴えていた「対人関係」の問題の発端になったできごとが語られた。それは、彼が友人たちに「笑い話」として話していた、以前いじめられた体験が、こともあろうに、「友人のなかで浮いていると、今でもまた以前のよういいじめられる」という、いわば脅威の再現となるような文脈で扱われてしまった、というできごとである。そのときに彼が「とても辛く」「もうだめだ」と思わされたことは、筆者にも想像できた。Aにはもともと自然に人に近づく力があったと思われるが、その彼が友人たちに近づこうとして話していた内容が、彼を傷つける材料として返されてしまったのだ。しかもBは、『皆もそう思う』という、脅威となる言葉を付け加えていた。これは、Aの中に、以前の辛かった思いを甦らせたであろう。以来彼は、自らの身を守るために、「対人関係」において距離を取ることになったと思われる。

Aが、筆者にこの話をしたことは、彼の「対人関係」を修復するうえで意味があったろう。以前の「いじめられた」体験の傷は、大学生活の時点において、既にある程度癒されていたと思われる。また、エピソードの時点で、B以外の友人がAを傷つけるという事態にはなっていなかった可能性が高い。とすれば、このカウンセリングでの課題は、一方でBによって傷つけられた心を癒すこと、他方でAを取り巻く「対人関係」は最早彼を傷つけはしないという確認をすることであったと考えられる。前者については、彼がそれについて言葉で表現し、筆者がそのときの辛さをある程度理解できたこと（《それは大変なことだった》）で、多少とも果たされたであろう。後者については、Aのアルバイト先での体験が大きく寄与したと思われる。アルバイト先で彼は「素直に反応できる」ようになり（13回目）、「対人関係の問題は随分よくな」り（14回目）、「どんどん親しくなって」いった（17回目）のである。

　③進路について母親に話したこと

　Aは当初から、卒業後の進路について迷っていた。大学院か就職か。結局、（1年の留年をおいて）現実的な就職へと向かうのだが、その間の思いをどのように母親に伝えるかが、ずっと課題だった。先に触れた"斜め"の構えは、彼自身母親とのあいだでも問題であると捉えるようになり、8回目以降毎回のように「話そうと思うのだが話せない」という述懐が続いた。筆者も、成り行きを案じていた。とうとう14回目に、母親に話すことができたことが語られた。母親はさほど問題なく彼の思いを受け止めたようである。それにしても、Aにとって、母親に対する思いには深いものがあった。「習い事」を決めるときにも、母親の意向に思いが向かうようだった（18・19回目）。このときは正直、筆者はじれったく感じた。ともあれ、このカウンセリングの期間を通して、彼と母親との関係にはある程度の変化があったと言えるだろう。

　④「勉強会」のあり方について

　20回目にAは、「カウンセリングの勉強会」で、彼のした応答について「自分（という人格）全体の問題にされた感じで、どうしていいかわからなくなった」と訴えた。彼は、「皆と自分のあいだに線が引かれ、自分だけが取

り残される孤独感」を味わわされていた。それは、以前の学校での「いじめ」の体験とも、また大学でのBの発言による傷つきとも通じるものとして、受け止められているように思われた。筆者は、日頃グループにかかわることがあり、一人のメンバーが集団の力によって深く傷つけられる危険を懸念する思いがあった。このときも、Aの居る集団で似たようなことが起きたのだろうと直観し、「その場の力が（あたかも）Aのことを問題にする（か）のように働いている（のではないか）」と伝えた。この発言は、彼にピンときたようで、「そうだと思う……客観的に見えてきた。この話ができて……スッキリした」と返してくれた。彼はその認識を「勉強会」の次の回に生かし、「いい雰囲気」ができることに寄与したようである。

　このときのやりとりは、筆者の印象に残っている。Aの反応によって、筆者の見方が支えられたように感じたからである。このやりとりは彼にとっても、恐らく意味のあるものだったろう。そこでの認識は、彼の一度ならずの「いじめ」の体験について、自分を貶めることなく、集団のなかで起きたことをきちんと見る支えになったように思われる。

共感的理解をめぐって

◆PCAにおける捉え方

　ロジャーズは1980年、セラピストの「共感的」応答について、それがクライエントにとって持つ意味を大きく次の二点で捉えている。それは、クライエントが、セラピストに共感してもらうことによって人間としての尊厳を回復できるということと、自分自身により適切に触れることができ、その「体験過程」が流れるようになる、ということである。

　メアーンズとソーン（3訂版2007/初版は1988）は、カウンセラーの「共感」がクライエントに何をもたらすかについて、やはりジェンドリン（1961, 1981, 1984）による「フォーカシング」に触れながら、その核心はクライエント自身が自身の体験過程に触れることであると捉えている。と同時に、大切なのはカウンセラーの個々の「共感的応答」ではなく、持続的なクライエントとの関係の在り方、クライエントの旅に同行することであると述

べ、「正確」[水準3]で「深い」[水準4]「共感」の持つ意味を押さえつつ、実際にはクライエントの感情とは「無関係」であったり[水準1]、「部分的な理解」[水準2]の応答も多いという現実に即して、カウンセラーが進んでクライエントの意識に付き添おうとし、理解しようと格闘することそれ自体、十分意味のあることであろうとも述べている。また、カウンセラーの気持ちのこもった非言語的な反応や、クライエントについての理解を確かめる質問、比喩、クライエントの体験過程に近く居ることなど、「共感」に類縁する反応や応答についても述べている。

本稿では、やはりカウンセラーの「共感」の核心は、クライエントの体験過程が流れるようになることであると捉えつつ、それを、Aの事例に触れながら、もう少し広く捉えることを試みてみたい。

◆ **クライエントの力への信頼・セラピストの自然な対応**
——"斜め"の関係について・また集団の在り方についての筆者の応答

上の①、また④として取り上げた局面での筆者の応答は、Aにとって意味あるものだったように思われる。①では、ほぼ直ぐに「店長」に対して「正面から」かかわるようになったし、④では筆者の表明が腑に落ちて、傷ついて不安定になっていた心が安定を取り戻したようだった。後者は、Aのなかでフェルト・シフト（ジェンドリン）が生じたと考えられるし、前者でも、行動の変化につがる心の変化が起きていたと考えられよう。とはいえ、いずれの場合も筆者は、Aの言葉を手掛かりにして彼のフェルト・センスを丁寧に確かめてゆく、というようなアプローチは取っていない。では、そこでは何が起きていたのだろうか？

①で筆者は、Aが持っている力を生かしていないという漠然とした思いがあって、「正面から言ったほうがよい」と伝えたように思われる。この発言は、精神分析でいう「直面化」に近いかもしれない。とすれば、「解釈」にも通じるものと言えよう。「直面化」も「解釈」も、セラピスト側の理解の枠組みによるという点で「共感」とは違うとしても、結果としてクライエントの「内的枠組み」に響いて変化を促すことになるならば、広い意味では「共感」の延長線上に位置づけることができるのではないかと思われ

る。その際、「促す」はたらきが自然に生じるという点が肝要であろう。Aのケースに即して言えば、筆者には彼の潜在的な力を感じ、あるいは想定しているという面があった。セラピストの側に、クライエントが成長に向かう力を持っているという感覚・理解・仮説があり、それがクライエントの現実から離れていないものであり、かつそれが多少ともクライエントに伝わっているときには、クライエントの中で心の緊張が緩むという動きが生じるのではないだろうか。それは、クライエントの心に変化（フェルトシフト）が起きやすくなるという作用を及ぼすのではないだろうか。

④では、Aの存在自体が否定されるように感じられていたことに、変化が生じた。存在自体の否定感は、「カウンセリングの勉強会」で恐らく彼以外の全員がAを否定していたことに由来している。これは、集団の持つ恐ろしい力による傷つきである。Aは、筆者の「(集団の) その場の力が働いている」という発言を聞いて、そうした由来に気づいたのだと思われる。つまり、Aの存在自体は決して否定されるはずのないものであるのに、彼以外の全員がそうしてしまうと、A自身も自分のことを否定的に感じざるを得なくなってしまう、という事態になっていたことに気づいたのであろう。それに気づくことによって、彼に本来具わっている自分自身を肯定的に捉える力が復活してきた、と見てよいだろう。

「(集団の) その場の力が働いている」という応答は、筆者の「理論」を表明したものとも言えるし、筆者に見えた状況を「説明」したものとも言える。筆者は、このような応答をすることがよくある。「理論」や「説明」は、どのようなときに、クライエントにとって意味のある対応となるのだろうか？

この場合、「その場の力」とは、個々人に本来具わっている自己肯定の力を損なうような集団の力を指している。それを聞いてAは、そのような力によって自身を否定的に感じるように追い込まれていたことに気づき、それによって、彼の自己肯定力が息を吹き返したと思われる。「共感」に関連づけて言うならば、上のような筆者の見方は、Aに潜在している力に「共感」するものであった、と言ってよいかもしれない。

①と④から、次のように言えないだろうか。いずれの場合も、筆者はA

の中にある、より適応的に行動し、またより安定した心の状態になろうとする力を感じ、また想定していた。それがAの力の発現を促す要因となった、と捉えてはどうだろうか。

　もう一点、①においても④においても、筆者の応答は自然なものであった。いずれも、結果としてAにとって意味があったと思われるが、熟考したうえでの応答ではなかった。その場の直観で言った、という感が強い。これは、筆者にはなじみのある対応の仕方である。ロジャーズ（1957）は、クライエントの人格変化を促すセラピストの条件がクライエントに伝わっている必要があると述べているが、それはセラピストが自然に振る舞うときに果たされやすい、という面があるのではかろうか。同じように望ましい応答を目指すとしても、それはセラピスト個々人の力が最も生かされやすい対応を通してこそ、果たされるのではないかと思われる。

◆クライエントの表現を聴く──基本にある「共感」的対応

　Aの主訴は、大学での対人関係から身を引いてしまうということだった。この問題は、②のような経緯を経て、解消していったようである。それを「共感」との関連で見るとどうなるだろうか。

　11回目で語られたことは、Aの主訴からすれば、このカウンセリングにおけるハイライトである。しかしBとのいきさつが語られたとき、筆者はもちろん大事なことが語られているとは思ったが、それまでの話と比べて格別心を動かされるようには感じなかった。それは、筆者がAの主訴の深刻さを十分に受け止めていなかったからという面もあるだろうが、②に書いたように、以前いじめられた体験が既にだいぶ癒されていたということもあっただろう。他方、カウンセリングの流れが、7回目から8回目にかけて、Aの「店長」へのかかわりを巡って、ひとつの山を越えていたからであるとも考えられる。彼にとって、現在進行形での最も重要な問題は越えられつつあった。その点も含めて、このカウンセリングで、筆者が比較的「持続的に」Aに「共感的に」対応していたことがベースにあったと思う。

◆**生活のなかでの成長**——カウンセリングの内と外

　最後に、③について述べる。7-8回目で、「店長」との"斜め"でなく「正面から」の関係に変わったAは、同じ問題が母親との関係にもあることを感じていた。しかし、それを超えてゆくまでには、相当の時間が必要であった。14回目になって、「進路」ついての思いを母親に伝えたことが語られた。これはAにとって、大きな転換点になったように思われる。彼の中で熟したものが、行動となって現実化した。それを通して、相当深い心の変化（フェルトシフト）が生じたと言えるだろう。

　当然といえば当然だが、セラピストが「共感」という対応を通して目指すフェルトシフト（こころの変化）は、セラピーの場面だけで起きるものではない。それはむしろ、日常生活のなかで生じてこそ本物であるというべきかもしれない。セラピーは、それが生じるのを促すうえで、ある時期必要な対応なのであろう。その間、セラピストは「持続的」に、できるだけ「共感的」に反応できるとよい、ということなのであろう。

結　び

　以上、Aのケースに即して、筆者の対応について、「共感」との関連で考えてみた。

　筆者は、必ずしもいつも、クライエントの言葉を手掛かりにしてそのフェルト・センスを丁寧に確かめてゆく、というアプローチをとっているとは言えない。むしろ、そのときの流れに即して（と言うと聞こえがよすぎるが）、筆者の「理論」を述べたり、クライエントの状況について「筆者にはこう見える」いう説明を試みたりすることも多い。ただそのベースには、クライエントが成長する潜在力への信頼があると思う。またそのときに一番自然な表現で伝えようとしているので、そのような筆者の思いは伝わることが多いのではないかと思っている。

　「共感」が目指すのは、クライエントが自らのフェルト・センスに触れ、そこからフェルト・シフトが生じることであると考える。それを常に念頭に置きながら、セラピストはそれぞれの持ち味を生かしながら、「クライエ

ントの意識に付き添おうとし、理解しようと格闘」することを求められているのだろう。そうすればクライエントは、セラピー場面で、また日常生活のなかで、みずからに触れ、みずからをよりよく生かしてゆくような行動へと促されるのだと思われる。

　最後に、事例について活字にすることを承諾してくださったAさんに心から感謝していることを記して、終わりとしたい。

特別編
海外からの寄稿

愛情：三条件との関係

スザン・キーズ
三國牧子・中鉢路子 監訳　梶原律子 訳

はじめに

　Rogersはセラピーにおける変化のための関係性の条件が起こる状態を「プレゼンス」と書いています(1959)。この概念は、Schmid (2001b)、Geller、Greenberg (2011) によって研究されています。Thorneは「親密さ *tenderness*」について書き、CooperとMearnsは、「関係性の深さ *relational depth*」(2005) について書いています。私は、Rogersの条件が出会うことについて、「愛 *love*」として考えてみたいと思います。

愛の多面性

　私は、英国ロンドンで、16歳から19歳の若者を対象としたカウンセラーとして働いています。カウンセリング場面において若者たちは、愛情について話し始めることが多くあります。若者はカウンセリングに愛したり愛されたりすることの問題を持ちこむようです。彼らの多くは「傷つきやすく」あるいは「不安」だったりします (condition 2, Rogers 1959, p.213)。彼らは自分自身と自分の存在を非常に憎んでいるために、自分は存在する価値があるということをわかろうとせず、愛されるべき存在であり、愛する能力

があるということを隠してしまっているのです。このことは通常、条件付けられた生活を生きることには耐えられないといった気づきとなって現われてきます。そして彼らはかつて受容し、理解し、愛してくれていた家族との生活を手放します。この年頃は、自分は何者でありどのようにして自分の人生を生きていくのかという壮大な疑問を熟考する、大変な混乱の時でもあります。

　人間関係が彼らの問題の鍵であり、これは恋愛関係や友情関係や家族関係だけでなく、神やアッラーや宇宙との超個人的な関係を含んでおり、若者はそれを理解しています。私のクライエントにとって鍵となる問題は、人間関係であり、カウンセリングでの私との関係の本質が、とても重要です。私は、Rogersの六つの必要十分条件（Rogers, 1957）に基づいた、「愛」の分類［章末表参照］を彼らとの関係から作成しました。それは、関係するいろいろな局面と、セラピストとクライエントの政治的・精神的・具体的な意味合いによって分けられています。

　英語では、愛には'love'という一つの単語しかありませんが、実際は、愛は多面的な概念です。Rogersの六条件は人間関係においての愛情の特性を明らかにするのに役立ちます。無条件の積極的関心（条件4, 1959, p.213）は神聖な次元であり、接触と理解（条件1,6, 1959, p.213）は親の次元、共感（条件5, 1959:213）は友情の次元、一致（条件4, 1959年, p.213）は性愛の次元です。

無条件の積極的関心である愛情 *Agape*

　パーソンセンタードの理論では'love'は、Rogersがセラピーのなかで話す「暖かく、積極的な」セラピストの感覚である妥当な方法であり、それより科学的に《無条件の積極的関心 *UPR*》（Rogers 1951）としました。セラピストによるこれらの強い感情は、セラピー関係のなかで不適当で圧倒的な恐ろしいものとして体験されることがあります。

　Rogersはまた、ギリシャ語のアガペー（Rogers 1962）という言葉を用いています。アガペーとはユダヤキリスト教の神学用語であり、他者に対する無条件の、利他的な、哀れみ深い、惜しみない感情のほとばしりのことを

愛情：三条件との関係

いい、神聖なるものの顕現のことをいいます。この愛の次元がセラピーのなかで具体的に現われると、それは、温かさ、心のうずき、心が感覚に開かれていくこととして私はとらえています。そして、私にとってそれは、腕をひらいている動作であり、そこには限界やエッジやコストと同時に率直さと受容が同居しています。

キリスト教の宗教物語のなかのキリストの復活の隠喩についてここで考えてみたいと思います。つまり、両手を開いたエンブレムには、生と死の両方があるのです。この種の愛情の超個人的な次元（あなたと私を越えて、今ここで）は、Thorne がセラピストの 'double vision 副視' (Thorne 2012) と呼んでいるものです。これはセラピストが他者と会い受容するときに、他者の目に見えない部分にも同時に会い受容するということです。あるいは、潜在的にはより十分に生きることができるだろう部分に触れるということです。仏性もしくは神性などはこれと同種のものとして考えられるでしょう。

このセラピストの姿勢は、他者にたいして、彼ら自身そのものがまったく完全に独自性をもつ人間であるという、畏敬の念と尊敬の気持ちで、会い認めるという力に由来しています。

それは、他者をその人の存在の中で肯定し確認する (Buber 1970, Tillich 2000)、ある種の愛です。祈り、瞑想、マインドフルネスおよび他の訓練は、セラピストが無条件の積極的関心である愛の技術の開発を可能にします。

この種の愛は、受身的なものではなく、マルティン・ルーサー・キング 'anything goes' という言葉でそのスタンスを表現しています。

彼は Agape という種類の愛情を、「活動的な愛」、「コミュニティを回復するためにどんなことでもやる意欲」、差別と圧迫に対する彼の非暴力抵抗の倫理の根拠であると書いています (King 1963)。それは平等と多様性に関しての政治的・革命的な構えです。一種の「公平の暴政」(Fromm 1956, Thorne 2012) と同様に、皆を同じとみなすことではなく、むしろ皆を同じ価値があるが異なるものだと認めることです。

その革命的な性質は、例えば制度化や専門家養成の人間性喪失の過程 (Mearns & Thorne 2000) への挑戦でもあります。人間らしい種類の愛情です。

このような愛情が欠けていて、セラピーの実践が非倫理的なときは、無関心や無視が存在します。

出会いとその経験としての愛情 *storge*

したがって、「無条件の積極的関心である愛」はセラピー関係において個人を超えており、具体化され、政治的・倫理的な側面があります（表1）。しかし、私のクライエントとの経験から、これだけがセラピーでの関係に生じる愛ではありません。

愛に関する他のギリシャ語について、より親の愛の様相を表す観点から、関係における'storge'という愛情についてお話しします。この言葉で私は、不足と充足・愛と憎しみ・互いの知覚の場に出入りすること・異なる種類の愛着の外で遊ぶこと・一緒だけれど別々にいること・人間関係のなかで個々のアイデンティティのために戦うこと・仲間と共にいたり離れたりすることというような、押したり引いたりする両価的な同時に起こる感情性を同時に有するにもかかわらず、何が起こっても一緒にいるという献身・克己・留まる勇気を意味します。

このような愛情は出会いの反対（Schmid 2001b）であり、向き合うことへの挑戦、互いのエッジに会うこと、接触したりされたりすることを許すこと、気づいたり気づかれたりすることに持ちこたえることです。それは親と子のような力の差異に気がついており、権威と独立と同様に依存を受け入れます。この種の愛の核心は、私たちの相互依存、つまりそれぞれの存続のための互いの完全な依存に気付いていることです。あなたがそうだから私がそうであるという意味の南アフリカ語の'Ubuntu'（Tutu 2004）が、この意味を表しています。

ここで、セラピストは、依存が強靭であり、他者がいなくても自分の無力さや、クライエントに対する依存（例えば、クライエントが来るかどうか、接触の余地があるかどうか、自己開示できるかどうか）という無気力さと共に存在します。したがって、安心したり努力したりする愛情は、今ここにある葛藤と関係の内外でのつまずきの痛みにもかかわらず、この関係のための努力は価値

愛情：三条件との関係

があるという信念があるのです。

　Storgeな愛情は、「親切な行為」を育てるなかで具現化されます。セラピストはあまり大切ではなく、不適切で、下手で、セラピー的でないものだと考えるかもしれません。しかし、このような人間対人間の関係の欠如は、クライエントにとって「有害」であったり「傷つ」きます（Bates 2006）。私にとって驚くべき経験だったのは、セラピー全体のなかで最も重要な瞬間は、私が彼の手をとり、涙をぬぐうためのハンカチを手渡したときだったとクライエントが言ったことでした。

　これは、身体的に手を差し伸べたのであり、私の理性や思慮深さや論理的な脳を迂回して、自分では記憶していないことでした。それは、考えたり望んだりすることなしに、自分の身体が他者の身体に応答しただけ、ただすべきだからするという、別の人間のために存在する人間、つまり乳を与える母親のような具現化された愛だと感じました。

　関係の中にStorgeな愛情があれば、それを好むと好まざるとに関わらず、環境に影響や衝撃を与えるということを知っているし、私たちは出会うことでお互いに変化させられるので、それは相互関係といえます（Jordan X）。関係するしないに関わらず、この世に生きていることによって、不可避的に、私たちは知覚し知覚されて、出会いによって変化します。この相互に接続された相互依存は、この種の愛の政治的な側面であり、関係と環境の倫理において人と人との接触を超えて導くものです。私たちは私たちの状況の外では存在しません。全てがシステムの一部です。「向こう側」はないので、何も「向こうに」追い出すことは出来ないのです。

　Heyward（1999）は、もし私たちがクライエントとの出会いで変わらないならば、私たちは非倫理的な専門家としています。このような相互関係に開かれていることは、傷ついたり傷つけられたりする危険を冒し、未知の無力さや弱さと共に生きる勇気と回復力を求めます。私が知っているこのような愛の最も強力なイメージは、ロンドンのテート・モダン美術館に展示されているJacob Epsteinのユダヤ教とキリスト教の両方に関連している物語のヤコブと天使の彫刻です。ヤコブは、一晩じゅう取っ組み合う見知らぬ敵の腕の中でつぶされています。彼の苦闘の後で、彼はあきらめ

なかったことによって天使あるいは神に祝福され、名前が変更され、大たい骨を負傷して一生足を引きずるのです。私たちのアイデンティティは出会いの愛情の闘争によって変化するので、私たちはセラピストとクライエントの両方の人生を通じてこの印を持ち運びます。カウンセリングにおいて、この種の相互接触と相互知覚に開かれていないことは非倫理的となるでしょう。

共感的な愛情 *philla*

phillaは、愛のなかでも「友愛」を表すギリシャ語です。このような愛は、共感のようなもので、そのなかでセラピストはクライエントのそばに寄り添い、セラピストとクライエントの世界にお互いに同調します。私はクライエントといる時、そこにあなたと私以上の、今ここでの、「私たちらしさ」という超個人的な要素を感じます。私はクライエントと身体的共鳴を感じることがあります。それは互いの感覚的反応であり、「わたしは特別な出会いをしている」というような身体的感覚です（Cooper 2001）。確かに現在の神経科学の研究では、私たちが共感し合える関係にあるとき、生理学的にお互いに調和し変化します（Lewis et al 2001）。したがって、この種の愛は、共有・共創・仲間のように、そのなかにたくさんの「相互に」や「共に」という概念を持っていますが、合併を意味するものではありません。

私が持っている最も近いイメージは、パリのルーブル美術館の二人の友の、手は一緒にあるが別々で絡み合っていない瀕死のトロイ兵の等身大の大理石像です。そこには脆弱性と正しい距離と所定の瞬間でもある近さの中に、巨大な親密さと力があり、あなたの手の間のエネルギーの熱のように、お互いの関係の中にある感じることあるいは失うことに依存しています。

このような愛の政治的な側面は、連帯です。誰かのそばで行動を起こすこと、出会いを政治の領域で活かしていくことだと思います。

例えば私のクライエントの何人かにとっては、私は私たちがいる教育機関での彼らの代弁者です。この種の愛によって非道なシステムに挑戦でき

ると考えています。実際自分自身と他者あるいは自分自身や他者のために立ち上がらねばならず、不当な扱いに抗議しなければならない時、他の人に共感的である時の私にとっての問題は、弱い者いじめするマネージャーに対して声を上げることなのです。これは「共感の冒涜」と自分自身に記述するようになった共感の限界を私に示します。もう一人の相手の世界に気付き、操作し、故意に影響を及ぼし、利用するために共感が使われるとき非倫理的な可能性がここにあります。

　私がこの種の愛と関連づけて考える倫理的な平等は、私が何を知っていて何を知っていないかということに気付いる知恵であり、合理さや直観を含んでいる知る他の方法に一致させられていて、関係と制度上の力学と倫理上の枠組みの中での経験のような知識の異なる源に一致させられていているという知恵であり、他者を傷つけずに話したり行動したりするための洞察力を持っているという知恵です。

　アメリカの人気のある社会思想家のJeremy Rifkinの本であるEmpathic Civilisation: The Race to Global Consciousness in a world in crisis (2010) とTED (2010) には、共感のための人間の能力は、人類が生き残るために、人間だけでなく私たちが重要な部分である人間以外の世界にあると書いてあります。

一致としての愛情 *eros*

　セラピーでの関係における愛の四番目の次元は、もうひとつのギリシャ語erosに基づく、性的で欲望的な愛情です。私は、これを自己と他者と世界との一致あるいは「正しい関係」に対する憧れとみなします。この世界に対するそして世界の中での誠実な関係は、悟り、極度の興奮、フロー状態の時にのみ見られ (Grafanaki 2007)、カウンセリングでの関係を含む私の人生のほとんどは、調和や人生の喜びに対する願望や希望にもかかわらず、ある種の不一致な状態にあります。これは、他者を理解しようとすることと他者に反応することとして経験します (Schmid 2001a)。

　自分や他者あるいは世界との正しい適切な関係のための願望は、社会的

及び環境的な正義に対する願望に通じます。つまり正義をなすことは、愛をなすことで（Heyward 1989）、「一致はあなたが世界で見たい変化であり、変化となること」（Cornelius-White 2007, p.179; based on Gandhi）です。愛のこの次元が私たちのセラピーのなかにあるのであれば、それは政略的にならざるを得ないです。

セラピーにおける一致の愛情の倫理的な特性は、公正に関係していなければならず、したがって、熱烈に変化を求める愛erosや、今ここであるものすべてを受容する愛agapeという愛の全ての次元の相互作用の緊張を保つ誠実さと同様に、力関係の不調和（セラピストの役割の力）に気づいていなければなりません。

繋がりや真実の関係のためのerosや欲望がセラピーでの関係にどのように明らかになるかは、行ったり来たり、上がったり下がったり、探し出したり隠したり、密接に結びついたりほどけたり、包み込んだり破ったり、点けたり消したり、誘惑したりされたりという、関係を存続するようにしておく力動とリズムのなかにあります。

それは茶目っ気があり、破壊的で、積極的です。そしてもちろんそれは冒険的で危険ですが、私はその危険は力の違いに対する知識の欠如と、トレーニングやスーパーヴィジョンにおいて性的な存在としての自分自身を話すオープンさの欠如、そしてこれらの問題に関しての恒常的な恥と秘密にあると思います。危険と恐れとタブーについて話す場がないならば、セラピストがつながりや接触への強い欲望を所有し、支配し、同化することへの欲望の要素がある時、人間性を奪われ、力が濫用される非倫理的な実践ための本当の可能性があります。

セラピーにおける愛情の倫理的側面

セラピーにおける愛のeroticな次元は、非倫理的で虐待的な実践のやり方が愛の原動力ではなく、力の原動力にあるということの明確な例となります。erosの生命に対する欲望は、他者を所有し、自分のものにしたいとか、支配したいとかいうような欲望と同じではありません。これらは全て

権力の乱用であり、それは、セラピストの役割の力の不均衡は避けられないことだということに気付いていないことに関係しているかもしれません。同様にphiliaな愛情や共感的な愛情も、人間に対する畏怖や尊敬が中心にあり、agapeや無条件の肯定的な配慮とともになければ、巧みな操作や搾取によって蝕まれることになります。認識力の点やこの知識から来る説得力の自覚から、セラピストの知恵の質と呼ばれる他者に対する気づきや知識は、感情移入と共にあるのです。

　私が概説した愛の四つの次元agape, storge, philia, erosは、セラピー関係を倫理的に維持するために同時に作用します。例えば、私がスーパーヴァイザーにerosという愛の関係性にについて純粋に話したとしたら、その関係のなかで、愛情の他の次元がどこに存在するかを自問自答するでしょう。同様に、そこにeroticなものが全くないなら、私は実際このクライエントと意味ある関係を保てたかどうかと、思いを巡らすでしょう。

　例えば、私は働き続ける事に落胆していて、振り返ってみれば、愛する喜びや活力を欠いていた関係を続けていたのです。私のセラピーでの関係には、ときどきstorgeな種類の愛に関しての苦闘があります。そこでは、そこを訪れ、そこにいるけれども、なぜかを本当は知らず、何かしらの希望を持ち、不安定な状態でそこにいるけれども、そこにいることはいくらかは価値があるのです。

　ときどき私は、agapeな愛とerosの愛とのあいだの緊張を経験します。それは、切望にそった率直な受容と、変化を切望することとの間にある緊張です。私は、セラピーにおいてこれらの相互作用はしばしば愛情の次元と矛盾しており、セラピーの関係における愛情の倫理の核心で、これらはまさに緊張であることを理解するに至っています。したがって、そこにはerosの緊張を誠実に維持するという正直さ、storgeの接触の努力の勇気、非所有的なagapeの謙虚さ、非搾取的なphiliaの知恵があるのです。

　私にとってセラピーにおける、この多次元の愛に対する理解の最も根本的な政治的・倫理的理解は、人間同士だけに限らず、それらが所属する「生き物」あるいは「無生物」の世界における、相互連絡および相互依存の自覚によって補強されるということです。したがって、例えばそれは、社会的

で環境的な公正さのための、変形させる生の力や能力や願望や性欲的な愛が人間の夫婦だけに限定されることは出来ません。storgeな愛は、独力で存在する私たちの無力、自給自足の私たちの無力や私たちの依存、無力および脆弱性を備えた私たちの努力を認めています。agapeは違いと共通性に気づいており、philiaは他者への気づきや文脈上の知識に基づいています。

セラピーにおける愛情のやり取り

セラピーのやりとり、あるいは「持ちつ持たれつ」の力学は、私が述べたような種類の愛情の点から見れば、興味をそそられるものです。愛情は、権力のように、しばしば具体化されます。それは私が与えたり、もらったり、やりとりして所有できる外的な「物」になります。私の愛情についての経験では、それは関係の新興特性です。「生じる」(Buber 1970) ものです。

本論を通して私は、「愛する」ことではなく「愛情」について話し、私が定義しようとした経験の新しさ・関係の質・経過の質を強調しようとしました。同様に、私がそのなかで生き、働いている資本主義の支配的な経済の方法論を考えるとき、セラピーは愛情の商業化の一部になることができるとわかっていて、そこに私たちが消耗したり利益を得るつもりである生産物の交換があり、私たちはそこに投資するのです。それは限定的な資源なので、市場価値があり、一旦枯渇すればより高価で費用がかかります。

このセラピーにおける愛情のモデルは、欠乏に基づいていて、極度に悩んでいる若者の増加のためにそこに存在したいという欲求のために疲れ切ったような長い一日の終わりのときには、耐えられる方法で生きているのではなく、惑星のように燃え尽きたと感じられたりします。私は時々、資本主義が前進し、上昇する成長モデルを忠実にうつし出し、急成長し破滅するように思います。私は学会で仲間に会い、同様に、その経済活動のなかで働きます。人々の精神的苦痛の双極性の分析を聞いても、私は驚きません。

しかし、私が述べてきたセラピーにおける愛情のモデルのなかに、別の

経済が働いていて、それは欠乏・「不十分さ」というよりは大量・「充分さ」に基づいています。ここでは、愛は相関的に出現し、関係のあることにおいて自由に利用可能であり、買われたり所有されたりすべきではありません。それは激減するのではなく、特有の方向に成長し、得失の点で見られるべきで、支配的な「成長」や「健康」のモデルに適合しないとしても、生と同じように死と共に不確実に留まることを意味し、知ることを意味しません。痛みと喜びは放棄され、他者や世界に完全に依存して生きることで、自我を超えた能力に対する信頼を持っています。

Hyde(1983)の創造的な芸術的文脈における才能の効率性は、勢いと流れに重きをおいて、セラピストと愛情の効率的な利用に関連しています。これは、消耗と満足とは異なる種類の理解です。ここで彼が言うように、あなたはバランスの程度や大群、停滞の達成に支払っているのではなく、空気のように才能を得ていたり、それを利用し（一方では生き残るためにそれに依存していて、他方ではその喜びを楽しんでいる）、それを放っておきます。そして、他者が望んでいる部分をどうなるかを知らずに伝えたりしているのです。それは相補的ではなく、むしろ円環的であるので、交流に変換されますが、その結果は受け手や送り手の制御下にはありません。それは条件付きの方式ではありません。言い換えれば、私はクライエントが何を「受け取り」、私から何を得ているのか必ずしも知りませんし、関係性のなかで自分が開かれているのか、私はRogersが宇宙の「発達傾向」と名づけるだろう（Rogers 1980）大きな輪の一部です。

満足は、単に満たされることではなく、終わらないだろう流れに満たされることに由来します。私たちは満足であれば同時に豊かだと確信するので、才能があり、愛情のなかにいて、私たちの満足は、私たちを楽にします。少なすぎたり多すぎたりすることは、交換の方式のために持つのと同じく、どれほどの物質的な富が手元にあるかということです。富が流れることができない場合、不足が現われます（Hyde 1983, p.22）。

これらの条件では、瞬間瞬間に関係のある切断と行き詰まり感に加え

て、接続と流動性は、流れが特権を与えることを意味しない限り、セラピーにおける愛情の変換の形についてであると思います。死と誕生の点から再生をみている私たちを取り巻く自然なサイクルでおこなうことがもっとあり、エントロピーがシントロピーやセラピストやクライエントや関係と同様に重要なところでは、回復力は出現するものや忍耐や否認や、どちらかのあいだに揺れるのではなく、両方を保持することと共にあることです。

　同じ方法でイギリスにおけるセラピーは、資本主義経済の外側には存在しません。私たちが影響を与えたり関係づける違う方法に気づいていて、我々が何者で何をするのか異なった緊張で生きているということをどのように述べるかであり、しばしば矛盾している経済の緊張で関係のある原動力と働いています。

結　論

　Rogersの条件に基づいたセラピーでの愛情を定義することは、私がどれ程頻繁に矛盾している感情や思考を経験しているかに気づかされました。したがって、私のクライエントとのある種の関係において、私は強烈な苛立ちや無力感、情熱および思いやりを同時に感じることができ、一方が他方を否定するのではなく、あるいはそこには愛情や配慮があることを意味します。それは、陽気で創造的な様相と同様にセラピーにおける接触の様相のために努力を強化することを助けました。私は、セラピーにおける愛情は繋がることと同様に分離することであり、進歩と同様に挫折と共にあることができることだと学んできました。

　だからカウンセリングにおける愛情は、繋がることと分離することというおよそ異なる種類の物です。それは政治的、超人的、具体的、政治的、倫理的な側面を有するという点で全体論です。それは変化のための共にあるというRogersの理論から出現します。つまり、共感や容認や確実性が、二人の人間にそれぞれの知覚し、接触する中や外にあったりすることができるようにする関係という場所なのです。

表1　Rogersの6条件の愛

愛情の次元	無条件の積極的関心 神の愛 agape	出会いとその経験 親の愛 storge	共感 友情 philla	一致 性愛 eros
超個人的な	潜在的	相互依存	補助的	切望／応答
具体的表現	暖かさ	養護	共鳴	欲望
政治的	同等と多様性	闘争	一致	正義
倫理的	謙虚	勇気	知恵	整合性

監訳：三國牧子（九州産業大学）、中鉢路子（更生保護法人鶴舞会飛鳥病院）
訳：梶原律子（九州産業大学大学院）

Column

自分になるということ

小野京子

　私は心理療法や教育において、「自己知（自分を知ること）」が非常に重要であると考えている。そしてこの自己知は、PCAの環境で促進されると実感している。PCAを貫く哲学である"三条件"が整うと、人の「自分を知り」、「自分になる」プロセスが促進される。

　私はパーソンセンタード表現アートセラピーを専門とし、表現アートセラピーをPCAの環境でさまざまな対象に行っている。そして表現アートセラピストを育てるトレーニングコースに関わっているが、そこでこの「自分になる」プロセスを常に観察している。このトレーニングは、カール・ロジャーズの娘であるナタリー・ロジャーズによって作られたものである。

　パーソンセンタード表現アートセラピーでは、分析解釈を行わず、心理的に安全で自由な環境で、アート表現をおこなっていく。このPCAの環境とセラピストの態度によって、参加者の深いレベルでの表現が可能になり自己知が深まる。

　私自身の研究のため、トレーニングコースの卒業生にインタビュー調査をおこなっており、そこで改めて発見したことがある。それは、人が尊重され、「ありのままの自分」を受容されるときに、心理的に安全と感じ、「今の自分そのまま」を自ら感じ始め、表現し始める。そして自分を表現したときに、周りが拒否や否定をせずに受け止めると、その人のなかで自己受容、自己成長のプロセス（自分になること）が発動し始める。

　インタビュー調査で、卒業生にトレーニングコースを通してどんな変化が生じたかを尋ねると、「ありのままの自分でよいと思えるようになった」という言葉がとても多く聞かれる。そして「自分が自分でいられるようになる」と、カウンセラーやグループファシリテーターになったときに、「相手のそのまま」を受容できるようになり、より共感的で促進的なセラピストになることが観察される。

　「自分になるプロセス」で自分と向かい合うことは、やさしいことではない。今まで見ないようにしてきたものや過去の心の傷とも対面するからだ。そのときに、安

心して「一人になれる」ことも大切なようだ。自分と向き合うにはある意味「孤独な空間」が必要なようである。しかしその孤独は、グループへの安心感と信頼に裏打ちされたものであることが、研究から見受けられる。

〈参考文献〉
小野京子（2005）：表現アートセラピー入門　誠信書房
小野京子（2011）：癒しと成長の表現アートセラピー　岩崎学術出版社

特別編

他学派からみた中核三条件

Empathic Understanding

いまこそ問われる態度条件

山﨑信幸(京都府立洛南病院)

　認知療法の創始者A.T.ベックは、その端緒となる論文 "Thinking and Depression" のなかで、うつ病の認知モデルを理論化する際に影響を受けた臨床家の一人として、C.R.ロジャーズの名前を挙げている (Beck, 1964)。さらに、著書 "Cognitive Therapy of Depression" のなかで、治療者の望ましい特性として、「暖かさ warmth」「正確な共感性 accurate empathy」「誠実性 genuineness」の三つを挙げ、その「正確な共感性」の項目のなかで、C.R.ロジャーズを引用しながら、「正確な共感性は治療的共同関係を促進する」と語っている (Beck, 1979)。
　この認知行動療法家に必要とされる三つの特性は、やや乱暴な議論かもしれないが、C.R.ロジャーズの提唱するカウンセリングの本質的態度の中核三条件《無条件の積極的関心》《共感的理解》《一致》と重なっているようにも見える。
　認知療法は、「さまざまな精神病理学的な障害を治療する際に用いられる、アクティブで、指示的で、時間制限的で、構造的なアプローチ」と定義され、「個人が自分の世界をどのように構造化しているかというところにその人の感情と行動のかなり部分が規定されている」という理論的原理に基づいている (Beck 1979)。このように、認知療法は"指示的なアプローチ"と明記されており、"非指示性"を重んじるクライエント中心療法とはそ

もそも相容れないのかもしれない。しかし、認知行動療法を実践していくなかで、両者は重なっているように感じることがある。

　認知行動療法も"指示的"であればよいというわけではない。例えば、『わたしは何もできない駄目な人間なんです』と語るうつ病患者さんを前に、ある認知行動療法家が『それは認知の歪みかもしれません。別の見方はありませんか？』と"指示的"に話しかけたとして、その結果、患者さんのうつ症状が和らぐとは、とても思えない。認知行動療法には"指示的"な要素があるのは事実ではあるが、その前提となるもっと大切な要素があるのではないだろうか。

　私自身、認知行動療法を実践し始めた頃に不思議に思っていたことがある。

　認知行動療法では、うつ症状に関連した「否定的な認知（自動思考）」を見つめ直す際に〈認知再構成法〉を用いる。〈認知再構成法〉とは、患者さん自身が「非適応的な自動思考」の存在に気づき、自動思考から距離をとりながら「バランスの良い適応的思考」を導いていく過程を通じて、抑うつ・不安等の不快な感情を和らげていく、認知的技法のひとつである。その〈認知再構成法〉を、紙の上では、ひとりで立派に完成される患者さんが、皆、実際にうつ症状が軽くなっていくかと言えば、必ずしもそうではない。とくに、あまり苦労なくさっと技法を習得される患者さんほど、何だか手応えのない感じがしていた。〈認知再構成法〉を知識としては身につけていても、どうも実生活に役立つスキルとはなってはいないようである。

　その後、私自身がスーパーヴィジョンを受ける体験を通じて、その疑問が少しずつ解けていった。

　うつ病における"非機能的"な思考は、ある時点では"機能的"であったことも多い。例えば、「自分は劣っている」という認知（スキーマ）を有するが故に、健康である時期には、「自分の足りなさ」を補うために普段からこつこつと努力して、学業・仕事において、ある一定の成果を得るこ

いまこそ問われる態度条件

とができる。ただ、うつ病で作業効率が落ちている時期にも同じように「自分は劣っている」と考えすぎてしまうので、自責的となり、抑うつ気分が増悪し、うつ病の悪循環のループに入っていく。このようなうつ病患者さんを前にして、認知行動療法家が十分な《共感的理解》のないまま、"非機能的"な思考のみに焦点を当て、それを再構成することだけに気をとられると、患者さんは自らが大切にしている信念を否定されたように感じて、認知行動療法家に対して心を閉ざしてしまうのではないだろうか。

目の前のうつ病患者さんが"非機能的"な思考・信念に苦しめられていること、他方で健康な時期には同じ思考・信念が"機能的"でもあったこと、認知行動療法家が、「暖かさ」「誠実性」を保ちながら、「正確に共感」することを通じて、患者さんと一緒に、このような共同作業を進めていくことで、患者さん自身が"非機能的"な自動思考と適度な距離を取ることができるようになり、うつ症状が和らいでいく結果につながるのではないだろうか。

このことに気がついてから、"非機能的"な思考・行動様式に着目するのと同じくらいの熱心さで、"機能的"な思考・行動様式について傾聴する態度を心掛けるようにしている。どうもこちらのやり方のほうが、治療的にピンとくるような気がする。

認知行動療法の射程は広がり、適応となる疾患が多様化するとともに、認知行動療法の内容そのものも少しずつ変化し、新世代と評される認知行動療法が幾つも生み出されている。だが、私たち認知行動療法家にとっても、認知行動療法の技法論に目を奪われることなく、認知行動療法の「態度条件」そのものを改めてしっかりと見つめ直すことが必要ではないだろうか。

参考文献：

1）Beck,A.T. Thinking and Depression. II. Theory and Therapy. Arch Gen Psychiatry. 1964 Jun;10:561-71.
2）Beck,A.T., Rush,J.A.,Shaw,B.F, & Emery,G.（1979）. Cognitive Therapy of Depression. New York: Guilford Press.（坂野雄二監訳 2007 うつ病の認知療法 岩崎学術出版社）

―― 聴いて学ぶ 中核三条件 ――

これからの心理臨床に必要な三条件
――グループ体験も視野に――

野島一彦

　ロジャーズの中核三条件について野島一彦先生に編者三名でインタビューを実施した。野島先生は編者の中核三条件を中心とした質問に対して、的確に、かつ分かりやすく語られた。ゆえに、内容全てがほぼ中核三条件に関わっているため、(ありがたいことであるが)抜粋の作成は非常に困難であった。野島先生独特の分かりやすい比喩など、お人柄を表す部分を削らざるを得なかったことが残念であるが、インタビューの中核部分を以下に抜粋する。

三直と中核三条件

編者　　先生の心理臨床で大切にしていることは。

野島　　僕の研究室では三直と呼んでおりますけど、自分に正直であること、それから率直に語ること、それから人の話は素直に聞くことです。正直、率直、素直の、最後の漢字は全部同じで、三直と呼んでいます。

編者　　心理臨床の場面では、三直はどういう風に活かされますか。

野島　　心理臨床の場面では、三条件と多少絡むと思うんです。正直であるということは、自分が無理をしたりせずに、ありのままの自分でいるってことで、僕は《一致》(自己一致)と近い感じがしてるんですね。率直に語るというこれもやっぱり、《一致》に関連するかな。表現が自分の意識してるものとずれない。それから人の話を素直に聞くというのは、受容に近いかな。疑ったりせずにそのままずっと受け止めていくということで。最初はね、三条件と関係あると思

わずに僕はなんとなく、正直、率直、素直っていいなと思っていて、途中から三条件と一部重なるかなという気がしてきました。ただ、共感的理解はこの三直には出てこないのです。

編者　野島先生にとっては、共感性はどういう位置づけですか。

野島　僕は共感性と切らずに共感的理解、理解にウェートを置いています。その方の言いたいこと、考えていることをできるだけその人のイメージに近い形でキャッチする、というのが、共感的理解だと思います。臨床では、相手は自分が理解されるということを非常に大事にしますので、自分が言っていることを正確にキャッチされると、人は安心できる感じがします。

自分にとっての中核三条件

編者　三条件に置き換えて考えると、三条件の中でどの条件を大事にされていますか。

野島　僕は《一致》を大事にしています。複数のエンカウンター・グループのファシリテーターの三条件を測定したことがありましたが、僕は《一致》が抜群に高いんですよ。三条件の中で、どうも《一致》が高いということから、正直であることと率直に語ること、これが僕の特徴だと思いますね。

　苦手なのは、マイルドに表現したり上品に言えない。野球の投手の球でいうと、直球が中心で、カーブとかはあんまり投げられない。曲がりくねった形で表現して相手に伝えるっていうよりは、本当直球勝負という感じの言い方をしますね。

六条件について

編者　日本では割と三条件という話が多いですけど、六条件について何か思うところがあれば。

野島　教科書的には、六条件じゃなくて、三条件しかないかのように書

いてあるものが多い。もちろん、六条件が正しい。こちらがいくら三条件を示しているつもりであっても、相手にちゃんと認知してもらわないとだめ。最近、ボーダーラインの人とかいろいろ難しいケースがあるので、三条件だけでなくて六条件で考えないといけないと思います。高校生のケースとか、10年20年前の大学生のケースのような健康度の高いケースの時は三条件でいいと思いますけど、難しいケースになると、六条件をフルに視野に入れないと上手くいかない気がしますね。

　精神科の病院で統合失調症の人達と会っていると、健康度の高い人とのカウンセリングの感覚では難しいなと思った。いろいろ工夫しないといけないし、根気強さとか想像力が必要でしょう。なかなか言語化してくれなかったり、言語化してくれたとしてもそれが妄想であったり。

　統合失調症の方達とのカウンセリングは、40年前からずっとしていました。また30年くらい前からでしょうか、ボーダーラインの方達のカウンセリングを僕も担当するようになった。その人達は、こちらとしては安全感を保っているつもりであっても、必ずしも安全感を認知してくれないことがありますよね。こちらは赤い球を投げたつもりでも緑と受け取られたり。それで、どうやったら伝わるかなと考えることになる。

中核三条件のトレーニング

編者　三条件っていうのは、トレーニングすると身につくものなのでしょうか。

野島　僕の知人のなかには、セラピストは温かさが大事だというけど、それは持っている人は持っているし、持っていない人は持っていないし、トレーニングでどうにかなるものではないと言う人がいます。なんとなく分かるんですけど、でも、どこまで伸びるかについては、やっぱり人間の学習能力を信じたい。学習能力を信じるっ

てこともPCA的なことだと思います。

編者　三条件の中で、どれがトレーニングとして身につきやすいと思われますか。またどれが難しいなーって思われますか。

野島　しいてい言えば、身につきやすいのは受容でしょうね。それは少なくとも自分で意識して批判しないとか、相手の言うことを変えようとしないとか、とにかく一生懸命聴くっていうことをやるのが大事だということを教えることで、これはある程度できるようになると思います。

　一番難しいのは共感的理解かなあ。やっぱり人の気持ちが分かるというのは、なかなか難しい、基本的には違った人間が違った人間を理解するってことだから。訓練としては、よく言われるように、本を読むとか映画を見るとかいう形で人間の心の有様をいろいろ触れることをしたらいいと言われるけれども、触れたからといって、それほど急速に伸びるかなっていう感じがするし…。

　院生教育なんかしていて思いますけど、俗にいうセンスがいい人とそうでもない人がいます。非常にクライエントさんの気持ちがすうっと分かる人と、ずれていてピンとこない人ですね。ただピンとこない人がピンとくるようにするには、訓練とかである程度はいけるでしょうけど、なかなか…。学習というよりは持っているものって感じだからね。それが難しいんでしょうね。

　《一致》はその中間くらいでしょう。僕は《一致》というのは、自分の中の体験過程と意識と表現の三つのズレがないことと考えています。意識と表現がズレないこと、これは努力するとかなりできますよね、けれども、自分の体験過程と意識すること、ここは自分の努力でなかなか埋まらないですよね。自分の心の中で起こっていることをすっと直視できるかどうか、これは難しいと思います。

編者　先生にとって大事な条件と、教育を考える時に何が大事かっていうのは違うこともあるんですね。

野島　ちょっと違うのかもしれないですね。僕個人の中では《一致》が大事だけど、別の条件を大事にする人は、僕とは違った教育観が

あるのかもしれない。共感的理解は本を読めとかそういう形での教育の方法も言われている。比較的初心者のトレーニングの時は、とりあえずは「繰り返し」で返しているとずれないということで、これは訓練出来ない事ではない。ただ受容をめぐってはあんまり言われていない。《一致》は、自分の体験過程と意識を照合することだけど、そこをつなぐのは訓練かなあ。フォーカシングはそこの所を訓練するのに有効かな。

エンカウンター・グループと中核三条件

編者　先生は、エンカウンター・グループでは《一致》はどういうように問われると思われますか。

野島　「それがあなたの本当に言いたいことなの？」、「本音はどうなの？」、「あなたが言っているのにはもうひとつ裏があるような感じがするけど」とかいったやり取りは、（グループの中での）《一致》が問われているやり取りですよね。そして、《一致》してないような発言は、僕の感覚から言うとね、声は聞こえるけど心に届かない、やっぱり《一致》している発言は非常に心に届く感じがしますね。

編者　エンカウンター・グループのファシリテーターとして存在している時と、個人カウンセリングのカウンセラーとして存在している時と、三条件的に何か違いがあるなって思われますか。

野島　基本的な自分のあり方としては、個人カウンセリングでもエンカウンターグループでも三条件を大事にしていると思います。

　　　ただやっぱり個人カウンセリングとグループは全然違う構造だと思います。二者関係と三者以上関係なので、質が全然違います。二者関係よりは三者以上関係のグループの方が複雑です。例えば、個人カウンセリングでは、こちらが発した言葉に対する反応は、クライエントさん1人だけです。7人のグループで僕が発言した場合、僕が10の力で発言したとして、ある人は10としてキャッチするし、ある人は5としてキャッチするし、ある人は3とキャッチする。

自分が発したことの影響は、個人カウンセリングでは1人なので非常に分かりやすいけど、グループだとそれぞれの受け取り方が違うので、三条件も複雑になってくる。

　僕は、グループがいいと思うんですよね。何故かというと、メンバーがいるから。個人カウンセリングだとどのように展開するかの責任をこちらが負っている。グループでは僕がファシリテーターやっていても、僕だけが責任持っているっていうわけじゃない。僕の言葉でいうと、ファシリテーターとメンバーとあわせて8人いると、僕は8分の1の権利と義務でここにいる。そういう意味で分散する。自分がさえてない時なんかでもメンバーがさえていると、何故かグループは動く。けれど、個人カウンセリングは自分がさえてなかったら、もうもろにアウト。そういう意味でグループはいいなと思います。

　カウンセリングだと、三条件が僕のそれしかないのだけど、グループでは僕よりもっと《一致》している人がいたり、僕よりもよく共感的理解できている人がいたりして、楽しいですよね。またクライエントさんとの間では、それは磨かれにくいけれども、グループだと他の人のあり方を見聞きすることで自分も磨かれる。つまり学びの場になる。

これからの心理臨床家に必要なもの

編者　　最後に、今の心理臨床の現状で、今だから必要なものとか、欠けているものと、三条件の絡みで何か一言頂ければと。

野島　　今の心理臨床にとって、僕はエンカウンター・グループのようなグループ体験が欠けているんじゃないかなと思います。これは大学院教育でも、成長してからも。僕自身は、エンカウンター・グループの中で自分が鍛えられてきたと思います。そして三条件は臨床の基本で、どの立場であっても、たとえ精神分析の人であっても行動療法の人であっても、エンカウンター・グループを体験した方がい

いと思うし、エンカウンターグループを体験することは三条件が磨かれることになる。

　それからこの頃は、だいぶ前よりは違ってきましたけど、個人カウンセリングはやるけど、グループはやりませんっていう人がいますが、今の時代、グループがやれない臨床家ってもう通用しないんじゃないかと僕は思っています。グループ臨床はやらなくて個人臨床だけでやるって人は偏っているんじゃないかと思うんですよ。人間って二者関係の中でも生きているけど、三者以上関係の中でも生きているから、クライエントと二者関係でも会えるし、メンバーと三者以上関係でも会えるっていう、そういう両方やれる人じゃないとバランスのいいセラピストじゃないと思うんです。グループでは三条件が鍛われるとともに、三者以上関係の体験ができます。エンカウンター・グループに限らなくてもいいですけど、心理臨床家はグループ体験をもっとしてほしいという願いを持ちますね。

ロジャーズの中核三条件
総合文献リスト

各文献末の略記について
C:《一致》巻所収　U:《受容：無条件の積極的関心》巻所収　E:《共感的理解》巻所収
数字は各巻のなかでの章番号（目次に記載）を示す——基礎編はボールド斜体

安部恒久 (2006)『エンカウンターグループ——仲間関係のファシリテーション』九州大学学術出版会. U5

安部恒久 (2010)『グループアプローチ入門』誠信書房. U5

安部恒久 (2011)「メンバー体験の位置づけ」野島一彦監修／高橋紀子編『グループ臨床家を育てる』創元社. U5

Andreasen, N. (2001) *Brave new brain: Conquering mental illness in the era of the genome.* Oxford University Press. U3

Arden, J.B. & Linford, L. (2009) *Brain-based therapy with adults: Evidence-based treatment for everyday practice.* Wiley. U3

Baldwin, M. (1987): Interview with Carl Rogers on the use of the self in therapy. Baldwin, M. & Satir, V. (Eds.) *The use of self in therapy.* Haworth Press, 45-52. *U0*

Barrett-Lennard, G.T. (1962) Dimensions of therapist response as causal factors in therapeutic change. *Psychological Monographs: General and Applied*, 76(43), 1-36. *U0*

Barrett-Lennard, G.T. (1981) The empathy cycle: refinement of a nuclear concept. Journal of Counseling Psychology, 28, 91-100. *E0*

Barrett-Lennard, G.T. (1986): The relationship inventory now: Issues and advances in theory, method and use. Greenberg, L.S. & Pinsof, W.M.(eds.) *The psychotherapeutic process: A researh handbook.* Guilford, 439-476. *U0*

Bate, Y. (Ed) (2006) *Shouldn't I be feeling better by now? Client views of therapy.* Basingstoke. Palgrave Macmillan. E6

Bebout,J. (1974) It takes one to know one: Existential-Rogerian concepts in encounter groups. In D. Wexler & L.Rice,(Eds) *Innovations in Client Centered Therapy.* Wiley. U6

Beck, J. (1995). *Cognitive therapy: Basics and beyond.* Guilford. 伊藤絵美・神村栄一・藤澤大介訳 (2004)『認知療法実践ガイド・基礎から応用まで——ジュディス・ベッ

クの認知療法テキスト』星和書店. U3

Beebe, B., & Lachmann, F.M. (2002). *Infant research and adult treatment: Co-constructing interactions*. The Analytic Press. 富樫公一監訳 (2008)『乳児研究と成人の精神分析——共構築され続ける相互交流の理論』誠信書房. U3

Bohart, A.C., Elliott, R., Greenberg, L.S. & Watson, J.C. (2002) Empathy. In J.C. Norcross (Ed.) *Psychotherapy relationships that work: Therapist contributions and responsiveness to patients* (pp. 89-108). Oxford University Press. C6

Bozarth, J.D, (1995) Designated facilitators: Unnecessary and insufficient: A paper presented at the National Conference for the Association of the Developement of the Person Centred Approach. Tampa, Florida. U6

Brodley, B.T. (1998) Congruence and its relation to communication in Client-Centered Therapy. Person-Centered Journal, 5(2), 83-116. C3

Brodly, B.T. (1999) About the nondirective attitude, Person-Centered Practice, 7(2) 79-82. U0

Buber, M. (1970) *I and Thou*. Translated by Kaufman, W. Edinburgh, T&T Clarke. E6

Canfield, J. (2007a) *Becoming human: The development of language, self, and self-consciousness*. Basingstoke: Palgrave. C6

Canfield, J. (2007b) Wittgenstein on fear. In D. Moyal-Sharrock (Ed.), *Perpicuous presentations: Essays on Wittgenstein's philosophy of psychology* (pp.12-27). Palgrave. C6

近田輝行 (2010)「共感的コミュニケーション技能訓練のモデルとしてのインタラクティブ・フォーカシング」東京女子大学心理臨床センター紀要, 創刊号. E1

Colson & Horwitz (1983) Research in group psychotherapy. In H.I. Kaplan & B.J. Sadock (Eds.) *Comprehensive group psychotherapy*. London: Williams and Wilkin. (The authors cite a study by D. Malan at the Tavistock Clinic.). U6

Cooper, M. (2001) Embodied empathy, In S. Haugh & T. Merry (Eds.) *Empathy*, pp.218-219. Ross-On-Wye; PCCS Books. C3, U6

Cooper, M. (2008) *Essential research findings in counselling and psychotherapy: The facts are friendly*. Sage. C6

Cooper, M. & Ikemi, A. (in press) Dialogue: A dialogue between focusing and relational perspectives. *Person-Centered and Experiential Psychotherapies*. U2

Cooper, M., Watson, J.C. & Hoelldampf, D. (Eds.) (2010) *Person-centered and experiential therapies work: A review of the research on counseling, psychotherapy and related practices*. PCCS Books. U3

Cornelius-White, J.H.D. (2007) Congruence: An integrative five-dimension model. PCEP journal. vol.6:4, Winter. E6

Cornell, A.W. (2006)「アン・ワイザー・コーネル　東京ワークショップ」での発言. E4

Cornell, A.W. (2011)「アン・ワイザー・コーネル来日ワークショップ福岡」での発言. E3/E4

Coulson, A. cited in Colin Lago & Macmillan, M (1994) "Moments of facilitation in large groups". Paper presented at the 3rd. International Conference on Client-Centred & Experiential Psychotherapy, Austria. U6

Cozolino, L. (2010) *The neuroscience of psychotherapy: Healing the social brain.* 2nd ed. Norton. U3

土居健郎 (1961)『精神療法と精神分析』金子書房. U1

Freire, E. (2001) Unconditional positive regard: The distinctive feature of Client-centered Therapy. In J.D. Bozarth, P. Wilkins (2001) *Rogers' therapeutic conditions volume 3: Unconditional positive regard.*. Bookcraft. E4

Freud, S. (1914) Erinnern, Wiederholen und Durcharbeiten. In Gesammelte Werk X. S. Fisher Verlag.「想起、反復、徹底操作」小此木啓吾訳 (1970)『フロイト著作集 6 自我論・不安本能論』人文書院. C1

Fromm, E. (1956) *The rt of loving.* Harper. E6

藤田直樹 (1999)「共感――不可能な可能性」成田善弘・氏原寛編『共感と解釈――続・臨床の現場から』人文書院. E3

Geller, S.M. & Greenberg, L.S. (2011) *Therapeutic presence: a mindful approach to effective therapy.* Magination Press, APA. E6

Gendlin, E.T. (1961) Subverbal communication and therapist expressivity: Trends in Client-Centered Psychotherapy with schizophrenics. Discussion Papers, Wisconsin Psychiatric Institute, No.17.「言語下でのコミュニケーションと治療者の自己表明性――分裂病者との来談者中心の心理療法におけるすう勢」村瀬孝雄訳 (1981)『体験過程と心理療法』ナツメ社. C5/E5

Gendlin, E.T. (1962) *Experiencing and the creation of meaning.* Northwestern University Press. C3

Gendin, E.T. (1962) *Experiencing and the creation of meaning : A philosophical and psychological approach to the subjective.* Free Press of Glencoe. 筒井健雄訳 (1993)『体験過程と意味の創造』ぶっく東京. C5

Gendlin, E.T. (1964) A theory of personality change. In P. Worchel & D. Byrne (eds.) *Persnality Change.* John Wiley and Sons.「人格変化の一理論」池見陽・村瀬孝雄訳 (1999)『セラピープロセスの小さな一歩』金剛出版. C4/E3

Gendlin, E.T. (1968) The experiential response. In E.F. Hammer (ed.) *Use of* interpretation in treatment: Technique and art. Crune & Stratton. (http://www.focusing.org/jp/6steps_jp.html) 日笠摩子・田村隆一訳「体験的応答」. C4/E1

Gendlin, E.T. (1978) *Focusing*. everest house. 村山正治・都留春夫・村瀬孝雄訳 (1982)『フォーカシング』福村出版. C4

Gendlin, E.T (1984) The client's client: The edge of awareness. In R. Levant & J.M. Shlien (Eds.) *Client-Centered Therapy and Person-Centered Approach*. Praeger. E3/E5

Gendlin, E.T. (1996) *Focusing-Oriented Psychotherapy: A manual of experiential method*. The Guilford Press. 村瀬孝雄・池見陽・日笠摩子監訳／日笠摩子・田村隆一・村里忠之・伊藤義美訳『フォーカシング指向心理療法』上・下, 金剛出版. C4/E3

Gendlin, E.T. (1997) *A process model*. The Focusing Institute. C4

Gendlin, E. (1990) The small steps of the therapy process: How they come and how to help them come. In G. Lietaer, J. Rombauts & R. Van Balen (Eds.) *Client-centered and experiential psychotherapy in the nineties*. Leuven University Press. ジェンドリン・池見陽 (1999)『セラピープロセスの小さな一歩』金剛出版. U2

Grafanaki, S., Brennan, M., Holmes, S., Tang, K. & Alvarez, S. (2007) In search of flow in counseling and psychotherapy: Identifying the necessary ingredients of peak moments of therapy interaction. PCEP Journal. Volume 6: 4. Winter 2007. E6

Grant, B. (1990) Principled and instrumental Non-Directiveness in Person-Centred and Client-Centred Therapy. Person-Centered Review, 5(1) 77-88. U0

Grawe, K. (2007) *Neuropsychiatry: How the neurosciences inform effective psychotherapy*. Psychology Press. (German original, 2004). U3

羽間京子 (2002)「治療的 Splitting について」心理臨床学研究, 20(3), 209-220. C0

羽間京子 (2004)「治療者の純粋性について――非行臨床から得られた知見」村瀬孝雄・村瀬嘉代子編『ロジャーズ――クライエント中心療法の現在』日本評論社. C1

羽間京子 (2009)『少年非行――保護観察官の処遇現場から』批評社. C1

Haugh, S. (1998) Congruence: A confusion of language, Person-Centred Practice, 6(1), 44-50. C3

Haugh, S. (2001) A historical review of the development of the concept of congruence in Person-Centred Theory, In G. Wyatt (Ed.) *Congruence*. PCCS Books. C3

Haugh, S. (2001) The difficulties in the conceptualisation of congruence: A way forward with complexity theory?. In G. Wyatt (Ed.) *Congruence*. PCCS Books. C3

Hebb, D.O. (1949). *The organization of behavior: A neuropsychological theory*. Wiley. 鹿取廣人・金城辰夫・鈴木光太郎・鳥居修晃・渡邊正孝訳 (2011)『行動の機構――脳メカニズムから心理学へ』(上) 岩波書店. U3

Hendricks, M.H. (2001) An experiential version of unconditional positive regard. J.D.

Bozarth & P. Wilkins (Eds) *Unconditional positive regard*. PCCS Books. C3

Hesse, H. (1972) *The glass bead game*. Holt, Rinehart & Winston. U6

広瀬寛子 (2011)『悲嘆とグリーフケア』医学書院. C0

Heyward, C. (1989) Touching our strength: *the erotic as power and the love of god*. Harper & Row. E6

Heyward, C. (1999) *When boundaries betray us*. The Pilgrim Press. E6

Hofstede, G. (1980) *Culture's consequences: International differences in work related values*. Sage. U6

保坂　亨 (1988)「クライエント中心療法の再検討」心理臨床学研究, 6(1), 42-51. U0

Hyde, L. (1983) *The gift. How the creative spirit transforms the world*. (2007) Cannongate Books. E6

Ikemi, A. (2005) Carl Rogers and Eugene Gendlin on the bodily felt sense: What they share and where they differ, Person, Person-Centered and Experiential Psychotherapies, 4 (1): 31-42. U2

池見　陽 (2010)『僕のフォーカシング＝カウンセリング――ひとときの生を言い表す』創元社. U2

JIP日本心理療法研究所 (2002)『アメリカ心理学会心理療法ビデオシリーズ　心理療法システム編　シリーズ第5巻　クライエント中心療法』. E4

Jordan, J., Walker, M., Hartling, L. (2004) *The complexity of connection. writings from the stone center's Jean Baker Miller training institute*. The Guilford Press. E6

Joseph, S. (2004) Client-centred therapy, post-traumatic stress disorder and post-traumatic growth: Theoretical perspectives and practical implications. Psychology and Psychotherapy, 77, 101-109. U3

鎌田陽子 (1994)「Active Listeningにおける新しい関係認知目録の作成の試み」岡山大学教育学部卒業論文. U0

河合隼雄 (1986)『心理療法論考』新曜社. C0

King, M.L. (1963) *Strength to love*. Fortress Press. E6

吉良安之 (2003)「対人援助職を援助する――セラピスト・フォーカシング」村山正治編　『ロジャース学派の現在』現代のエスプリ別冊, 至文堂. E3

Kirschenbaum, H. (1979) *On becoming Carl Rogers*. Delacorte. C0/C6

H. カーシェンバウム, V.L. ヘンダーソン編 (1989)『ロジャーズ選集』(上) 伊藤博・村山正治監訳 (2001) 誠信書房. C2

H. カーシェンバウム, V..L. ヘンダーソン編／伊藤博・村山正治監訳 (2001)『ロジャーズ選集』(上下) The Carl Rogers Reader. 誠信書房. U4

Klein, J. (2001) *Interactive focusing therapy: Healing relationships*.　諸富祥彦監訳／前田満

寿美訳 (2005)『インタラクティヴ・フォーカシング・セラピー』誠信書房. C4/E1

Klein, M.H., Mathieu-Coughlan, P. & Kiesler, D.J. (1986) The experience scales. In L. Greenberg & W. Pinsof (Eds.) *Psychotherapeutic process*. Guilford Press. C3

近藤邦夫 (1977)「受容と自己一致」佐治守夫・水島恵一編『心理療法の基礎知識』有斐閣. C0

越川房子監修 (2007)『ココロが軽くなるエクササイズ』東京書籍. U3

久能徹・末武康弘・保坂亨・諸富祥彦 (1997)『改訂 ロジャーズを読む』岩崎学術出版社. C0

Lago, C & MacMillan, M. (Eds) (1999) *Experiences in relatedness: Group work and the Person Centred Approach*. PCCS Books. U6

LeDoux, J. (2002). *Synaptic self: How our brains become who we are*. Penguin Books. U3

Lewis, T., Amini, F., & Lannon, R. (2001) *A general theory of love*. Vintage Books. E6

Lietaer, G. (1984) Unconditional positive regard: a controversial basic attitude in Client-centered Therapy. R.F. Levant & J.M. Shlien (Eds) *Client-Centered Therapy and the Person-Centred Approach: New direction in theory, research and practice*. Praeger. C3

Lietaer, G. (1993) Authenticity, congruence and transparency. In D. Brazier (Ed.), *Beyond Carl Rogers*. Constable. C3/C6

Loevinger, J. & Wessler, R. (1970) *Measuring ego development I*. Jossey-Bass. U1

Lux, M. (2010). The magic of encounter: The person-centered approach and the neurosciences. Person-Centered and Experiential Psychotherapies, 9, 274-289. U3

Mann, E (2011) Does the first relationship support Carl Rogers' theory of interpersonal relationship? Unpublished Masters Degree Thesis. Temenos/ Middlesex University. U6

増井武士 (1994)『治療関係における「間」の活用』星和書店. C0/C2

Mearns, D. (1994) *Developing Person-Centred Counselling*. Sage Publications. 岡村達也・林幸子・上嶋陽一・山科聖加留訳 (2000)『パーソンセンタード・カウンセリングの実際』コスモス・ライブラリー C3/U4/E0/E4

Mearns, D. (1997) *Person-centred counselling training*. Sage. U-post

Mearns, D. & Cooper, M. (2005) *Working at relational depth in counselling and psychotherapy*. Sage. U-post/E6

Means, D. & Thorne, B. (1998) *Person-Centred Counselling in action*. Sage Publications. 伊藤義美訳 (2000)『パーソンセンタード・カウンセリング』ナカニシヤ出版. U0/E0/E4/E5

Mearns, D. & Thorne, B. (2000) *Person-centred therapy today: new frontiers in theory and practice*. Sage. E6

Merry (1999) *Learning and being in Person-Centred Counselling*. PCCS Books. U0

Merry (2004) Classical Client-Centred Therapy. P. Sanders (Ed.) The tribes of the Person-Centred nation: An intoroduction to the schools of therapy related to the person-centred approach. PCCS Books. 近田輝行・三國牧子監訳(2007)『古典的クライエントセンタード・セラピー――パーソンセンタード・アプローチの最前線：PCA諸派のめざすもの』コスモス・ライブラリー. U0

Moyal-Sharrock, D. (2000) Words as deeds: Wittgenstein's 'spontaneous utterances' and the dissolution of the explanatory gap. Philosophical Psychology, 13(3), 355-372. C6

村瀬孝雄(2004)「フォーカシングから見た来談者中心療法」村瀬孝雄・村瀬嘉代子編『ロジャーズ　クライエント中心療法の現在』日本評論社. U-post

村山尚子(2008)「九州A町3園の実際」滝口俊子・東山弘子編『家族心理臨床の実際――保育カウンセリングを中心に』ゆまに書房. U4

村山尚子(2008)「サポートグループ――二つのグループケース」伊藤義美編『ヒューマニスティック・サイコセラピー 1』ナカニシヤ出版. U4

村山尚子(2010)「福岡人間関係のコミュニティ――エンカウンターグループと日常的つながりの意味について」エンカウンター通信400号, 福岡人間関係研究会. U4

村山正治(1993)『エンカウンターグループとコミュニティ』ナカニシヤ出版. U4

村山正治編(2003)「要約――実証的研究によって支持された治療関係」：第29部門特別委員会の報告要旨― Empirically Supported Therapy Relationships: Summary Report of the Division 29 Task Force」. 東亜大学大学院総合学術研究科臨床心理学専攻紀要, 2(1), 109-133. U0

中田行重(1986)「フェルトセンス形成におけるHandle-Giving」九州大学教育学部紀要(教育心理学部門), 31(1), 65-72. C3

中田行重(1999)「研修型エンカウンター・グループにおけるファシリテーション――逸楽行動への対応を中心として」人間性心理学研究, 17, 30-44. C3

中田行重(2005)『問題意識性を目標とするファシリテーション』関西大学出版部. C3

野島一彦(2000)『エンカウンターグループのファシリテーション』ナカニシヤ出版. C3

野島一彦(2013)「大学院におけるエンカウンター・グループ・ファシリテーター養成プログラム」、跡見学園女子大学学部紀要, 1, 43-50. E2

野島一彦・下田節夫・髙良聖・髙橋紀子(2014)「グループの『構成』と『構造』――エンカウンターグループとサイコドラマの対話」跡見学園女子大学附属心理教育相談所紀要, 10, 27-37. E2

Norcross, J.C. (Ed.) (2011) *Psychotherapy relationships that work Evidence-based responsiveness* (2nd edition). Oxford University Press. U0/U3

岡村達也 (2000)『カウンセリングのエチュード』遠見書房

岡村達也 (2007)『カウンセリングの条件――クライアント中心療法の立場から』日本評論社. C0

岡村達也 (2010)「『理解すること』から『いま－ここに－いること』としての『反射』へ」岡村達也・小林孝雄・菅村玄二 (2010)『カウンセリングのエチュード――反射・共感・構成主義』遠見書房. U0/E0

大石英史 (1993)「境界例治療において治療者に要請されるもの――その内的・感覚的要件」下関市立大学論集, 第36巻第3号, 123-167. C2

大石英史 (2001)「実践的観点からみたクライエント中心療法――その課題と治療的工夫」山口大学教育学部研究論叢, 第51巻第3部, 51-65. C2

大石英史 (2002)「ロジャーズ『自己一致』再考――私にとってのクライエント中心療法」村山正治・藤中隆久編『クライエント中心療法と体験過程療法――私と実践との対話』ナカニシヤ出版. C0

大野 裕 (2010)『認知療法・認知行動療法――治療者用マニュアル』星和書店. U3

Perls, F., Hefferline, R.F. & Goodman, P. (1951) *Gestalt therapy: Excitement and growth in the human personality.* Souvenir Press. U3

Purton, C. (2004) Person-Centered Therapy: The focusing-oriented approach. Palgrave Macmillian. 日笠摩子訳 (2006)『パーソン・センタード・セラピー――フォーカシング指向の観点から』金剛出版. C4

Raskin, N.J. (1974) *Studies of psychotherapeutic orientation: Ideology and practice.* American Academy of Psychotherapists. E3

Rifkin, J. (2010) *The empathic civilisation: the race to global consciousness in a world in crisis.* Polity Press. E6

Rifkin, J. http://www.ted.com/talks/jeremy_rifkin_on_the_empathic_civilization.html E6

Rogers, C.R. (1939) *The Clinical treatment of the problem child.* Houghton Mifflin. 堀淑昭編／小野修訳 (1966)『問題児の治療』(ロージャズ全集第1巻) 岩崎学術出版社. C0/U0

Rogers, C.R. (1942) *Counseling and psychotherapy: Newer concepts in practice.* Houghton-Mifflin. U3

Rogers, C.R. (1942) Counseling and psychotherapy. Houghton Mifflin. 末武康弘・保坂 亨・諸富祥彦訳 (2005)『カウンセリングと心理療法』(ロジャーズ主要著作集第1巻) 岩崎学術出版社. C0/U0

Rogers, C.R. (1951) Client-Centered Therapy. Houghton Mifflin. 保坂 亨・諸富祥彦・

末武康弘訳 (2005)『クライアント中心療法』(ロジャーズ主要著作集第2巻) 岩崎学術出版社．*C0*/C3*U0*/U3/E6

Rogers, C.R. (1957) The necessary and sufficient conditions of therapeutic personality change. Journal of consulting Psychology, 21, 95-103. Rogers, C.R. (1957) The necessary and sufficient conditions of therapeutic personality change. In H. Kirschenbaum & V.L. Henderson (Eds.) (1989) *The Carl Rogers Reader*. Constable.

伊東 博訳 (1966)「パースナリティ変化の必要にして十分な条件」伊東博編訳『サイコセラピィの過程』(ロージャズ全集第4巻) 岩崎学術出版社, pp.117-140. 伊東博訳 (2001)「セラピーによるパースナリティ変化の必要にして十分な条件」伊東博・村山正治監訳『ロジャーズ選集（上）——カウンセラーなら一度は読んでおきたい厳選33論文』誠信書房．*C0*/C3/C5/C6/*U0*/U2/U3/*E0*/E3/E4/E5

Rogers, C.R. (1959) A theory of therapy, personality, and interpersonal relationships as developed in the client-centered framework. In S. Koch (Ed) *Psychology: a study of science: vol .3 formulation of the person and the social context*. McGraw Hill, pp. 184-256. E6

Rogers, C.R. (1962) The interpersonal relationship: the core of guidance. In C.R. Rogers & B. Stevens *Person to person: the problem of being human*. Real People Press, pp. 89-104. E6

Rogers, C.R. (1958) The characteristics of a helping relationship. In C.R. Rogers (1961) *On becoming a person*. Constable. 「援助関係の特質」諸富祥彦ほか訳 (2005)『ロジャーズが語る自己実現の道』岩崎学術出版社．*C0*

Rogers, C.R. (1959) A theory of therapy: Personality and interpersonal relationships as developed in the Client-Centered framework. In S. Koch (Ed.) *Psychology: A study of a science, 3. Formulations of the person and the social context*. McGraw Hill. 伊東 博編訳 (1966)「クライエント中心療法の立場から発展したセラピィ、パースナリティおよび対人関係の理論」『パースナリティ理論』(ロージャズ全集第8巻) 岩崎学術出版社, 大石英史訳 (2001)「クライエント・センタードの枠組みから発展したセラピー、パーソナリティ、人間関係の理論.」伊東 博・村山正治監訳『ロジャーズ選集（上）——カウンセラーなら一度は読んでおきたい厳選33論文』誠信書房．C3/*U0*/U6

Rogers, C.R. (1961) This is me. In H. Kirschenbaum & V.L. Henderson (Eds.) 1989 *The Carl Rogers Reader*. Constable. 村山正治訳 (2001)『私を語る』伊東博・村山正治監訳『ロジャーズ選集』（上）誠信書房．*C0*

Rogers, C.R. (1961) *On becoming a person*. 諸富祥彦・保坂亨・末武康弘訳 (2005)『自己実現への道』岩崎学術出版社. Toward a theory of creativity. In *On becoming a person.* Houghton Miffin. 東山弘子訳（1967）「"創造性"の理論をめざして」畠瀬稔編『ロージアス全集第6巻　人間関係論』．C3/E4

Rogers, C.R. (1962) The interpersonal relationship : the core of guidance. Harvard Educ. Rev.,32(4),416-429.　畠瀬直子（1967）「対人関係——ガイダンスの核心」畠瀬稔編『ロージアス全集第6巻　人間関係論』．E4

Rogers, C.R. (1963) *The concept of the fully functioning person, psychotherapy: Theory, research and practice,* 1.　村山正治ほか訳（1967）『人間論』岩崎学術出版社．C3

Rogers, C.R. (1965) The therapeutic relationship : recent theory and research. Australian Journal of Psychology, 17, 95-108.　畠瀬稔訳（1967）「サイコセラピイについての基本的認識」『ロージアス全集第6巻　人間関係論』．E4

Rogers, C.R. (1966) Client-Centered Therapy. In S. Arieti (Ed.) *American handbook of psychiatry,* vol.III, Basic Books.　伊東博編訳（1972）「クライエント中心療法」『クライエント中心療法の最近の発展』（ロージャズ全集第15巻）岩崎学術出版社．C3/U0

ロージャズ，C.R.（1966）『サイコセラピィ』（ロージャズ全集3巻）岩崎学術出版社．U1

Rogers, C.R. (Ed.) (1967) *The therapeutic relationship and its impact: A study of psychotherapy with schizophrenics.* the University of Wisconsin Press. 友田不二男編・手塚郁恵訳（1972）『サイコセラピィの研究——分裂病へのアプローチ』（ロージャス全集第19巻）岩崎学術出版社，古屋健治編／小川捷之・中野良顕ほか訳（1972）『サイコセラピィの成果——分裂病へのアプローチ』（ロージャズ全集第20巻）岩崎学術出版社，伊東博編訳（1972）『サイコセラピィの実践——分裂病へのアプローチ』（ロージャズ全集第21巻）岩崎学術出版社．U0

ロージャズ，C.R.（1967）『クライエント中心療法の初期の発展』（ロージャズ全集14巻）岩崎学術出版社．U1

Rogers, C.R. (1970) *Carl Rogers on encounter groups.* Harper and Row. U6

Rogers, C.R. (1971) Carl Rogers describes his way of facilitating encounter groups. American Journal of Nursing. Vol. 71, No. 2, Feb. pp.275-279. U6

Rogers, C.R. (1972) *Carl Rogers on facilitating a group.* (A film available from the American Counseling Association.) http://schmid.members.1012.at/bibliocrr.htm.#films　(Reference checked on 7th December 2011). U6

Rogers, C.R. (1975) Empathic: an unappreciated way of being. The Counseling Psychologist. 5 (2), 2-11. E4

Rogers, C.R. (1977) *Carl Rogers on personal power: Inner strength and its revolutionary impact.* Delacorte Press. U6

Rogers, C.R. (1979) The foundation of a person-centered approach. In C.R. Rogers (1980) *A way of being*. Houghton Mifflin. 畠瀬直子監訳 (1984)「共感──実存を外側から眺めない係わり方」『人間尊重の心理学』創元社. C0/U2/U5/U6/E3/E6

Rogers, C.R. (1980) *Empathic understanding: an unappreciated way of being*. 畠瀬直子訳 (1984)「共感」畠瀬直子監訳『人間尊重の心理学』創元社. E3/E5

Rogers, C.R. (1986) A Client-centered / Person-centered approach to therapy, in H. Kirschenbaum & V.L. Henderson (Eds.) (1989) *The Carl Rogers Reader*, Mariner Books. 中田行重訳 (2001)「クライエント・センタード/パーソン・センタード・アプローチ」伊東博・村山正治監訳『ロジャーズ選集』(上) 誠信書房. C0/C5/E6

Rogers, C.R. (1986) Carl Rogers on the development of the Person-Centered Approach. In D. Cain (ed.) (2002) *Classics in the Person-Centered Approach*. Ross-on-Wye: PCCS Books. U6

Rogers, C.R. (1986) Reflection of feelings and transference. Person-Centered Review, 1(4) 1986, and 2(2) 1987, Reprinted by permission of Sage Publications, Inc. 「気持ちのリフレクション（反映）と転移」伊藤博・村山正治監訳『ロジャーズ選集』(上) 誠信書房. E2

Rogers, C.R. 畠瀬稔監訳 (2007)『ロジャーズのカウンセリング（個人セラピー）の実際』コスモス・ライブラリー. C0

Rogers, C.R. & Truax, C.B. (1967) The therapeutic condition antecedent to change : A theoretical view. In C.R. Rogers, E.T. Gendlin, D.J. Kiesler & C.B. Truax (eds.) (1967) *The therapeutic relationship and its impact : A study of psychotherapy with schizophrenics*. University of Wisconsin Press. 手塚郁恵訳 (1972)「変化に先だつセラピィ的な諸条件──あるひとつの理論的な見解」友田不二夫編訳 (1972)『サイコセラピィの研究』(全集第19巻). C0/C5

Roller, B. & Nelson, V. (1991) *The art of co-therapy: how therapists work together*. Guildford Press. U6

佐治守夫・岡村達也・保坂亨 (1996/2007)『カウンセリングを学ぶ──理論・体験・実習』東京大学出版会. C0/C1/U0

坂中正義 (2001)「ベーシック・エンカウンター・グループにおけるC.R.Rogersの3条件の測定──関係認知の視点から」心理臨床学研究, 19(5), 466-476. U5

坂中正義 (2002)「私とクライエント中心療法、もしくはパーソン・センタード・アプローチ──理論と体験の相互作用から」村山正治・藤中隆久編『クライエント中心療法と体験過程療法──私と実践との対話』ナカニシヤ出版. C0/U0

坂中正義 (2011a)「ベーシック・エンカウンター・グループにおけるC.R.Rogersの中核3条件の検討──関係認知の視点から」九州大学博士論文. U0

坂中正義 (2011b)「C.R.Rogersの中核3条件関係認知スケールの作成——最小限の項目での測定の試み」日本心理臨床学会第30回大会論文集, 347. U0

坂中正義 (2012)『ベーシック・エンカウンター・グループにおけるロジャーズの中核三条件の検討——関係認知の視点から』風間書房. U0

坂中正義 (2014)「クライエント中心療法におけるロジャーズの中核三条件」『人間性心理学研究』32(1), 5-11. U0

坂中正義 (2015a)「日本におけるパーソンセンタード・アプローチに関する文献リスト(2014) 南山大学人間関係研究センター紀要「人間関係研究」, 14, 241-274. U0

坂中正義 (2015b)「日本におけるパーソンセンタード・アプローチの発展——文献史を中心に」南山大学紀要『アカデミア』人文・自然科学編, 9, 167-176. U0

Sanders, P. (Ed.) (2004) *The tribes of the Person-Centred Nation: An introoduction to the schools of therapy related to the person-centred approach.* PCCS Books. 近田輝行・三國牧子監訳 (2007)『パーソンセンタード・アプローチの最前線—PCA——諸派のめざすもの—』コスモス・ライブラリー. U0

Sanford, R. (1999) A brief history of my experience in the Person Centred Approach. In C. Lago & M. MacMillan (Eds) *Experiences in relatedness: Group work and the Person Centred Approach.* PCCS Books. U6

佐々木正宏 (2005)『クライエント中心のカウンセリング』駿河台出版社. C0

Schmid, P.F. (2001a) Authenticity: the person as his or her own author. dialogical and ethical perspectives on therapy as an encounter relationship. and beyond. In G. Wyatt, *Rogers' therapeutic conditions: evolution, theory and practice.* vol.1. Ross-on-Wye: PCCS Books. E6

Schmid, P.F. (2002b) Presence: im-media-te co-experiencing and co-responding. phenomenological, dialogical and ethical perspectives on contact and perception in person-centred therapy and beyond. In Wyatt, G & Sanders, P. (Eds) (2002) *Rogers' therapeutic conditions: evolution, theory and practice.* vol.4: contact and perception. Ross-on-Wye: PCCS Books. E6

Shostrom, E.L. (Ed.) (1965) *Three approaches to psychotherapy.* Psychological Films. U3

田畑　治 (1978)「心理治療関係による人格適応過程の研究」風間書房. U-post

田畑　治 (1988)「クライエント中心のカウンセリング」『現代のエスプリ252　カウンセリングの理論』至文堂. U0

Thorne, B. (2012) *Counselling and spiritual accompaniment: bridging faith and person-centred therapy.* Wiley-Blackwell. E6

Tillich, P. (2000 / originally1952) *The courage to be. second edition.* Yale University Press. E6

Tolan, J. (2003) *Skills in Person-Centred Counselling and Psychotherapy*, Sage. E0

Truax, C.B. & Carkhuff, R.R. (1967) *Toward effective counseling and psychotherapy: Training and practice.* 西園寺二郎訳 (1973)『有効なカウンセリング——その実施と訓練』(上). 岩崎学術出版社. U0/E0

Tuder, K. & Merry, T. (2002) *Dictionary of Person-Centred psycology.* Whurr publishers. 岡村達也監訳 (2008)『ロジャーズ辞典』金剛出版. U0

Tudor, K. (1999) *Group Counselling.* Sage. U6

Tudor, L.E., Keemar, K. Tudor, K., Valentine, J. & Worrall, M. (2004) *The Person-Centred Approach: A contemporary introduction.* Palgrave MacMillan. U6

Tutu, D. (2004) *God has a dream: a vision of hope for our time.* Rider. E6

内田桂子・村山正治・増井武士 (1978)「カウンセリングにおける関係認知の分析」九州大学教育学部心理教育相談室紀要, 4, 80-106. U0

氏原　寛 (2002)『カウンセラーは何をするのか』創元社. C2

Warner, M. (2011) Working with Difficult Client Experience.「難しいクライアントとのセラピー」日本心理臨床学会年次大会特別講演. E0

Wibberley, M. (1988) Encounter. In J. Rowan & W. Dryden (Eds) *Innovative therapy in Britain.* Open University Press. U6

Winnicott, D.W. (1965) *The maturational processes and the facilitating environment: Studies in the theory of emotional development.* Hogarth Press, International Universities Press. C1/U3

Wittgenstein, L. (1982) *Last Writings on the Philosophy of Psychology.* vol.1. Blackwell. C6

Wittgenstein, L. (1997) *Philosophical investigations* (2nd ed.). Blackwell. C6

Wood, J.K. (2008) *Carl Rogers' Person Centered Approach: Towards an understanding of its implications.* PCCS Books. U6, post

Wyatt, J. (ed.) (2001) *Congruence.* PCCS Books. C4

索 引

- Cは《一致》巻での、Uは《受容：無条件の積極的関心》巻での、Eは《共感的理解》巻での言及であることを示す。
- ローマ数字ノンブルは「まえがき」での言及であることを、ボールド・イタリックは「基礎編」での言及であることを示す。
- アンダーラインは、見出に含まれた語であり、その範囲内に頻出することを示す。

[ア行]

愛（愛おしみ，情愛，慈愛） C*11*, *22-23*, 94. U*6*, 24, 27, 93.

愛情 U27, 65, 86-98.

アイデンティティ U105. E89, 91.

アタッチメント U48.

アート（〜セラピー） U55. E99.

甘え U25, 26.

安心（〜感） C71, 77, 96. U11, 52, 56-57, 59, 62, 64, 70, 90. E*4*, 24, 26, 28, 35, 46, 49, 52, 54, 66, 73, 90, 99, 107.

安全（〜感，〜な緊急事態） iii, iv. C52, 63. U11, 15-16, 45-46, 48-49, 52-54, 56, 64, 70, 90, 93, 97. E29, 35, 41, 59, 99, 108.

意思 C38, 73. E10.

意志 U45, 95.

意識（〜化，変性〜，無〜） ii. C*4*, 35, 41-42, 45-46, 51, 57, 79, 81, 91. U*12*, 15, 30, 45-47, 50, 54, 60, 70, 94, 97, 108-109. E*6*, *17*, 34, 36-37, 46, 79, 83, 106, 109-110.

　変性〜 C72-73.

　無〜 C*4*, 31, 58, 79, 92, U54, 94. E*17*.

医師－患者関係 C*9*.

依存 C29. U25-27. E89, 91, 95-96.

　性〜 U104-106.

　相互〜 E89-90, 95, 98.

　薬物〜 U80.

いたわり U33, 37-38, 40, 90.

一致 ［他巻での言及］ U5-6, *14*, *17*, *19-20*, 30, 33, 36, 41, 47, 51, 54, 67, 69, 71-72, 74, 76, 82-84, 91, 93, 101-102, 104-106. E*5*, *13*, 17-19, 29, 40, 69, 87, 92-93, 98, 102, 106-107, 109-111.

　不〜 U*6*, *14*, *16*, *20*, 47, 54, 74-76, 95. E93.

異文化 U79-80.

今ここ C*16*, 36, 38, 40, 42, 52, 57, 60. U*13-14*, *17*, 65. E29, 88, 90-91, 93.

ウィスコンシン・プロジェクト C*11*, 37, 68. U*12-13*, *18*.

うなづき U10.

エンカウンター vi. C*13*, 44, 100. U*16*, *19*, 63-65, 69, 78-96, 109-110, 116. E*4*, *7*, *20*, 24-25, 29, 35, 41, 107, 110-111, 112.

　ベーシック〜 U*19*.

129

援助（〜関係，〜的） C9-11, *12, 14-15,*
　　　19-22, 36, 38-40, 42-43, 55, 60, 64,
　　　72, 84, 103. U50, 54, 63, 67, 70, 82,
　　　104-105, 116.
　　〜者（被〜），〜職　I, v, vi. U*4, 19.*
親子　C*9,* 40. U33.

[カ行]
解釈　C39, 64, 80, 93. U*10, 17,* 22, 26, 51,
　　　54, 79, 90. E*11,* 79, 99.
外傷　U50, 53.
カウンセラー，カウンセリング　頻出
　　「カウンセリングと心理療法」　U*10.*
科学　C99. U34, 85, 111, 114, 116. E87.
　　神経〜　C44-55. E23, 91.
学習　C103. U*19,* 25, 44, 48-50, 61-62, 97.
　　　E22, 37, 108-109.
家族　C29, 32, 96. U56, 58, 61, 67, 81,
　　　110, 112. E51, 63, 71-72, 87.
課題　C30-31, 37, 55, 104. U*9,* 70, 72, 75,
　　　95-96, 104, 117. E27, 36, 46, 72, 77.
語り　C*10,* 25-26. E53, 55, 67.
価値　U*6-7, 11, 15,* 39, 83, 87-88, 92, 94,
　　　96, 101. E36, 87-88, 90, 94-95.
　　〜観，〜判断　iii. C*6, 18,* 98. U22,
　　　78-79, 106. E*17-18,* 32, 34.
　　〜の条件　U*15,* 39.
学校　C54. U43, 58-59. E46, 62, 72, 78.
　　小学校　U43.
葛藤　C*11,* 17-19, 26, 27-28, 36, 40, 42,
　　　49, 67, 72. U49, 61, 67, 79-80, 93.
　　　E40, 46, 49-51, 55, 90.
過程　頻出
家庭　C95. U56, 61. E*14.*
　　〜裁判所　C26-27.
悲しみ　C67. U54, 67, 105. E23.

可能性　C*13, 20,* 28-29, 37, 39, 58, 72,
　　　92. U*19,* 43, 57, 79, 81, 86, 89, 93-95,
　　　109. E*9, 18,* 34, 39, 54-56, 77, 92-93.
感覚　頻出
環境　C41, 59, 95. U33-34, 44-50, 54, 57,
　　　61, 66, 109. E90, 93, 95, 99.
関係性　vi. C39, 52, 60, U43, 116. E33,
　　　40, 55, 70, 86, 94, 96.
　　関係認知目録　U*19.*
　　関係の側面　U33-34.
看護　vi. C88. U38.
観察　C27, 41, 82. U93, E29, 33-35, 36,
　　　39, 99.
感受性　C*20,* 63. E*16.*
感情　頻出
　　〜移入　C94. E22, 23, 94.
　　〜の反射　C*11-12.* U*10.*
　　〜の明確化　U*10,* 52.
完全主義　U27.
感動　U105.
関与　C*11,* 26-27, 42. U57, 61, 68, 78.
緩和ケア　U67.
危機　C32.
企業　C9. U97. E69-70.
気づき　頻出
希望　C28, 30. U43, 65. E35, 93-94.
技法　C*23,* 40-41, 50, 52, 59, 62, 67, 93.
　　U*4, 6-7, 10-11, 17-18,* 50-51, 53,
　　　65, 74, 76, 101.
逆説　U87, 95. E65.
虐待　U62. E94.
逆転移　→転移
客観性　C*7.* U*10.*
教育　vi. C90. U*12,* 31, 79, 81, 87-88, 102,
　　　111-112, 117. E37, 70, 92, 99,
　　　109-111.

～分析　C60.

共感　頻出

共感的調律　U46.

共感的理解［他巻での言及］　頻出

共存　U68-71, 72-73, 76.

教師　C9, 54. U112. E70.

恐怖　C22, 93. U5, 54, 58, 67, 105. E12, 51-53.

キリスト教　E88, 90.

緊張　C4, 17, 81, 84. U54, 59, 64, 74, 92, 105. E35, 43, 47, 48, 50, 54, 75, 80, 93, 94, 95, 97.

クライエント　頻出

クライエント中心　C35-43, 44, 68. U11, 18, 23, 26, 31, 33, 41, 46-47, 47-49, 50-51, 51-52, 53-54, 73, 100, 102-103, 115-116. E67, 102.

「クライエント中心療法」　U11.

グループ　頻出

　～アプローチ　U68-76.

　～過程　U68-71, 72, 76.

　～構造　U68-70, 76.

　～不一致　U71, 74-76, 95.

グロリア　C101. U54.

訓練　C55, 62-64, 76. U103, 117. E11, 13, 26-28, 30, 88, 109-110.

傾聴　C60-63, 73, 87. U19, 90. E20, 27, 31, 32-33, 36, 39-40, 43, 51, 55, 69, 104.

ゲシュタルト　U16, 54.

ケース　C33, 100, 103. E31, 33, 36, 80, 82, 108.

顕在システム　U47, 54.

行為　C12, 37, 40, 67, 73, 82. U74, 102. 31-39, 90.

合意　U117.

交感神経／副交換神経　U52.

攻撃　C38, 51, 57, 91. U37-38, 71, 75, 80, 91. E38.

構成　C50. U45-46, 49. E39, 103.

構造　C6, 52. U11, 46, 54, 68-70, 76, E39, 102, 110.

肯定　頻出

行動主義　U87.

交流分析　U101.

心地よさ　C71.

個人　頻出

　～過程　U68, 71-76.

　～主義　U78.

子ども　C7, 24, 26, 28, 54, 82. U10, 24, 28, 43, 61-63, 85. E7, 40, 58, 60, 75.

コミュニティ　U56, 65, 80, 88.

コンテイニング　U102.

催眠療法　U102.

[サ行]

サポート　U62, 70, 113. E38-39. E58.

死　C18, 88. U13, 58, 67, 111. E51, 74, 88, 91, 96-97.

ジェニュインネス　→純粋性

ジェンドリン　C38, 57-61, 63, 68-69. U32, 34-35. E7, 24, 29, 78-79.

自我　U47. E50, 55, 72, 96.

時間　頻出

自己　頻出

　～探求　C37, U68, 71, 72, 74, 76. E57.

　～不在感　U74.

自己一致　→一致

自己開示　C39, 88. U70, 72, 108. E27, 89.

自己表明（性）　C7, 10, 12, 16-17, 37-41, 66-68, 73.

自殺　C18.

索引　131

CCT →クライエント中心
指示的 E102-103.
自然科学的 U34.
実現傾向 U*17-18*, 29, 51, 82, 90, 104-105.
実証 C78, U*18*.
実存 C50, 53, 59, 63.
自伝的記憶 U49, 54.
指導 U102. E27, 29.
シナプス U44, 53.
嗜癖 U104-105.
社会 頻出
　〜的相互作用 U48
自由 C*4, 7, 15*, 27, 35-36, 45, 79-80, 84, 93. U*11*, 24, 26, 57, 62, 64-66, 102. E59, 96, 99.
宗教 U103, E88.
終結 C24, E71, 75.
集団 C*9*, 24. U*12*, 61, 74, 78, 85, 102, 106, 113. E78, 79-81.
　〜主義 U78.
主観的 U*17*, E*17*, 24.
主体性 C37, U70, 73-74.
守秘 E33.
受容 ［他巻での言及］ iv. C*7, 9*, 17-19, 24, 26, 29-30, 36-37, 40, 44, 51, 54, 59-60, 62, 64-65, 67, 71-72, 76-79, 85, 88, 99. E*12*, 17-19, 24, 40, 51, 59, 69, 87, 88, 93-94, 99, 106, 109-110.
純粋性 C*11, 16*, 26, 30, 35, 46, 55-56, 65, 78, U*15-16*, 116.
障害 C40, 84, 91. U44, 50. E102.
条件つきの U*12*, *16*, 27, 39.
照合枠 ii, C47-48, 49-52. U*6*, 47, 83. E*5-7*, 24.
上司 C*9*, 95. U97.

症状 U45. E50, 51, 54-55, 103-104.
情動 C*7*. U45-50, 53-55.
職業 U100, 105. E35, 69.
職場 C*9*, 71. U*97*. E15, 75.
人格→パーソナリティも iv. C*5, 9*, 66, 92. U*6, 7, 14, 20*, 32, 33, 35, 39, 51, 111. E*5, 13*, 54, 56, 77, 81.
　〜理論 U*20*, 39.
神経科学 U44-55. E23, 91.
神経症 C11, 41-43.
神経ネットワーク U45-46, 48, 49, 51, 54.
真実 iii, C*5, 13*, 40, 44, 45-65, 77-78. U67.
心身 E34, 50, 70.
人生 C*22*, 90, 95. U48, 55, 112. E*14-15*, 70, 87, 91, 93.
身体 C*7*, 40, 42-43, 81-82, 96. U50, 61, 67. E23, 25-27, 35, 62, 90-91.
診断 C*21*, 84. E37.
信頼 C*9*, 30-32, 51, 54, 59-60, 78-80, 85, 103-104. U*11*, 16-18, 45, 54, 89-91, 96, 102. E*8*, 20, 33, 37, 49, 79-81, 82, 96, 99.
神秘 C94.
親密 U81, 105. E63, 86, 91.
心理学 C*1, 7, 13*, 78, 94, 98. U*1, 10*, 87, 101, 103, 109, 116. E*1*, 22, 56, 67, 83.
心理的接触 C*12*. U32, 36, 57.
心理療法 頻出
人類学 U103.
ストーリー E58.
スーパーヴィジョン ［〜ヴァイズ，〜ヴァイザー］ C24, 45, 60. U94, 95, 112-113. E36, 69, 93-94, 103.
スピリチュアリティ C72.

132

性依存　U104-105.

生活　C*14*, 28-29, 32. U56, 61, 72, 110. E*16*, 33, 55, 74, 77, 82-83, 87, 103.

制御　U45-46, 48-49, 52. E96.

制限　U*10-11*, 27-28, 29, 55. E64, 102.

誠実な信頼　U102.

精神医学　U103, 109.

精神疾患　U44.

精神病　C*11*, 68-70. E55, 102.

精神分析　C38-39, 84, 93-94. U47, 51, 80, 84, 101, 103, 116. E79, 111.

精神療法　C90-91.

成長　頻出

性的　E92-94.

生命　C*8*, 54, 58. U82. E94.

責任　C46, 53, 60-61, 103. U25, 63, 86, 92. E70, 111.

積極的傾聴　E69.

接触　ii. C*5, 12*, 72, 76, 92. U6, 12, 31-32, 36, 57, 81-82, 84. E*5*, 40, 87, 89-91, 93, 95, 97-98.

説得　C60. U43. E94.

セラピー，セラピスト　頻出

セルフヘルプ　U87.

〜システム　U47, 54.

潜在　U46, 49, 54. E80, 82, 88, 98.

全体論　E98.

選択　iv. v. C*18*, 31, 33. U*5, 14, 16, 17*, 86, 89, 92, 102. E34, 50-51, 70-71.

専門　C*13*, 50, 59, 94, 103-104. U*15*, 57, 78, 80, 88, 92-93, 104-105, 117. E31-32, 35, 89-90, 99.

相互作用　C42.

創造　C53. U*17*, 57, 62-63, 86, 89. E67, 96-97.

ソーシャル・スキル　U81.

[タ行]

体験　頻出

〜過程　C46-53, 57, 58-59, 60, 62, 68-69. U*18*, 105. E24, 30, 55, 78-79, 109-110.

〜的応答　C59, 60-62, 63.

〜療法　U51, 54.

対象関係　C29, 33.

対人関係　C29, 45, 88. U61, 80-81, 85, 88. E67, 71, 73-74, 76-77, 81.

大切にする　iv. U*7-8, 14-15*, 24, 33, 37, 38, 40. E33.

態度　C93. U33-34, 101, 116.

他者　頻出

多面性　E*86-87*.

地域　E35.

知的　E*8*.

治療　頻出

伝え返し　→リフレクション

抵抗　C93. U25, 28, 43. E34, 88.

哲学　C57-58, 61. U11, 41, 81, 88, 103. E99.

転移，逆転移　C22, 38, 59-60, 93. U26, 93.

統計　U51.

統合失調症　C*12*, 68, 69-70, 71, 84. U*12-13, 15, 18*, 109. E47, 50, 108.

洞察　U11, 54. E92.

当事者　C52. U43.

透明（性）　C*5, 13-14*, 46-47, 52, 56, 59-60, 64, 78, 80, 91. E*18*.

トラウマ　U105.

[ナ行]

内観　U117.

内的世界　E*8, 10*, 59.

索引　133

ナラティヴ　U45-46, 49, 53, 114.
ニューロン　U45, 54. E23.
人間観　C98, U113.
人間関係　iii. C*9, 11, 15*, 35, 71. U*14*, 22, 24, 28-29, 32-34, 66, 79, 97, 101, 116. E40, 67-68, 87, 89.
　～療法　U101.
人間性　C50. U7, E89, 93.
　～心理学　i, C98.
認知　頻出
　～行動療法　C84, 101. U47. E102-104.
　～療法　U54, 100-102. E102, 105.
脳　U44-50, 52, 54, 85, 103, 109. E70, 90.
能動的感受　U102.
曝露療法　U49-50, 53.

[ハ行]

パーソナリティ　i, C*4-6, 9*, 40, 76, 91. U*14*. E*9*, 56, 67, 83.
パーソンセンタード　頻出
ハラスメント　U97.
発達障害　KEINE
犯罪　C27, 95.
反射　C*11, 12*. U*10*, 54.
ピア　KEINE
被害者　C29.
PCAGIP法　C103.
引きこもり　U57. E55.
非権威主義的態度　U*17-18*.
PCE療法　U51.
PCA →パーソンセンタード～　頻出
非指示　C90, 93. U*10, 11, 17-18*, 31, 73, 86. E102.
　原則的～　U*18*.
　道具的～　U*18*.
ピース　KEINE

必要十分条件　i, C*8, 21*, 44, 45, 66, 70, 92, 99. U*5, 6-9, 9, 12*, 51. E*5*, 87.
PTSD　U50.
ヒューマニスティック　U62.
評価的　C77, 85. U*5*, 26.
ヒューマニズム　KEINE
表現　頻出
ファシリテーター　頻出
　コ・～　U92-95.
不安　頻出
フィードバック　C63, 86. U72, 91. E*9, 12, 16, 20*.
フェルトセンス　C58, 62, 67, 69-73. E24-26, 55, 61.
フォーカサー　C62, 63, 71. E25, 63, 64, 65.
フォーカシング　頻出
プライミング　U49-50.
プレゼンス　U*14*. E86.
ブローカ野　U49-50.
プロセス　頻出
辺縁　U*13*, 50, 54.
文章完成検査　U24.
分析心理学　U101.
変質意識状態　→意識
変容　U*8*, 32-33, 35, 44, 70.
保育　vi, U61, 62-63. E40.
防衛　C*15*, 26-27, 31. U*5*, 48, 52, 91.
保護観察　C26-29, 31-33.

[マ行]

マインドフルネス　E88.
認める　C88. U*8*, 33, 37-41, 73, 93. E88.
無意識　→意識
無条件の積極的関心　[他巻での言及]
　i-iv, vi, C*8, 21*, 26, 28, 33, 78, 85,

134

90-93. E*5, 13,* 17-19, 29, 40.
面接　頻出
　　〜記録　C21. U32. E51.
メンタライゼーション　U101.
森田療法　U101.
「問題児の治療」　C*7, 12.* U*10.*

[ヤ行]
勇気　U29, 65, 72, 96. E45, 89-90, 95, 98.
有機体　C35, 41, 45, 52. U*15,* 82-84, 88,
　　91.
遊戯療法　U24.
夢　U70-71, 74.
要素　U33-34.
抑圧　U36-37, 57.
欲望　U102. E92-94, 98.
欲求　U*5,* 26, 52, 54, 61. E95.
来談者中心　→クライエント中心
ラホイヤプログラム　U69-72.
ラポール　U*4, 10.*

[ラ行]
リーダー　C*9.* U31, 85-86, 93.
リフレクション　C88. U31-32, 90.
　　E25-26, 28, 44, 56, 64, 66-67.
臨床心理学　C36-37, 57.
倫理　U*18,* 89, 102. E88-93, 94-95, 98.
ロールプレイ　U*19,* 22-23. E24-25.
レゾナンスモデル　C66-73.

[ワ行]
若者　E86-87, 95.
ワークショップ　U65, 92. E56.
我と汝　C36, 59.

永遠のグランド・キーワード
——あとがきにかえて——

野島一彦

　わが国にロジャーズの考えが導入され普及するようになったことに大きく貢献したのは、1960年代から刊行された『ロージァズ全集』であろう。翻訳によって紹介された彼の臨床の知は、その後、多くの人々のなかで生かされ、今日に至っている。彼の臨床の知のなかでも白眉は"中核三条件"であるが、それについて、わが国の中堅が中心となって改めて焦点をあてて、温故知新を図ろうというのが、この三分冊シリーズである。

　本シリーズの新進気鋭の三人の編者たちの編集方針——初学者にも配慮した構成、対人援助職にとって自分の実践を振り返る機会となるような内容、実践に根ざした論、海外のロジャーズ派心理臨床家の論考も紹介、他学派からみた"中核三条件"も収録——はきわめて明確であり、それが実際に実現されており、充実した内容となっている。

　1957年にロジャーズが提示した六条件の論文のなかで論じられた"中核三条件"が、このたびわが国で三分冊シリーズとして刊行されるようになったということは、一粒の種が多くの実をつけるようになったというイメージにつながる。このことは、ロジャーズの考えがしっかりとわが国に根づいているということでもあろう。

　筆者が監修した《共感的理解》について言えば、出発点はロジャーズにありながらも、各執筆者自身の体験を通して、自分なりの視点から、自分なりの言葉で《共感的理解》が論じられており、非常に新鮮である。このことは、ロジャーズの考えが、それぞれの執筆者の心の胃袋でしっかりと消化され、それが骨となり筋肉となっているということであろう。ロ

ジャーズがもし生きていれば、自分が提示したことが半世紀以上という時を超えて、しかもアメリカから遠く離れた東洋において影響を与え続けているということに驚くかもしれない。

《共感的理解》というグランド・キーワードには、いくら論じても論じきれない深さがあるように思われる。一人の人のなかでも、その発達段階、臨床経験、人生経験などによってその理解は変化・深化していくのではなかろうか。つまり、このグランド・キーワードには、生涯にわたって取り組む価値があると言えよう。

本シリーズでは便宜的に"中核三条件"を三分冊に分けているが、現実の場面では三条件は同時的に存在している。三条件は「三位一体」と言ってもよいであろう。そう考えると、本シリーズの次の段階として、三条件の関係性を明確にしつつ三条件の同時的存在について私たちは今後、詳細に論じていくことが必要ではなかろうか。

執筆者一覧（目次掲載順——所属は第1版刊行時のもの）

《一致》

羽間　京子（はざま・きょうこ）	千葉大学教育学部
大石　英史（おおいし・えいじ）	山口大学教育学部
中田　行重（なかた・ゆきしげ）	関西大学臨床心理専門職大学院
日笠　摩子（ひかさ・まこ）	大正大学人間学部
田村　隆一（たむら・りゅういち）	福岡大学人文学部
キャンベル・パートン Campbell Purton	イーストアングリア大学
成田　善弘（なりた・よしひろ）	成田心理療法研究室
安部　順子（あべ・じゅんこ）	福岡教育大学教育学部
野口　真（のぐち・まこと）	元小学校教諭（現スクールカウンセラー）
広瀬　寛子（ひろせ・ひろこ）	戸田中央総合病院・看護カウンセリング室
ルース・ジョーンズ Ruth Jones	個人開業

《受容：無条件の積極的関心》

佐々木正宏（ささき・まさひろ）	聖心女子大学文学部
池見　陽（いけみ・あきら）	関西大学臨床心理専門職大学院
岡村　達也（おかむら・たつや）	文教大学人間科学部
村山　尚子（むらやま・なおこ）	心理教育研究所赤坂
安部　恒久（あべ・つねひさ）	福岡女学院大学大学院臨床心理学専攻
コリン・ラーゴ Colin Largo	個人開業
松木　邦裕（まつき・くにひろ）	京都大学大学院教育学研究科
大島　利伸（おおしま・としのぶ）	南山大学附属小学校
都能美智代（つのう・みちよ）	九州産業大学学生相談室
渡邊　忠（わたなべ・ただし）	一般社団法人日本産業カウンセラー協会
エイモン・オマホリー Amon O'Mahony	イーストアングリア大学

《共感的理解》

近田　輝行（ちかだ・てるゆき）	フォーカシング研究所コーディネーター
永野　浩二（ながの・こうじ）	追手門学院大学心理学部
森川　友子（もりかわ・ゆうこ）	九州産業大学国際文化学部
下田　節夫（しもだ・もとお）	神奈川大学人間科学部
髙橋　紀子（たかはし・のりこ）	福島県立医科大学医学部
スザン・キーズ Susan Keyes	個人開業
山﨑　信幸（やまさき・のぶゆき）	京都府立洛南病院
本田幸太郎（ほんだ・こうたろう）	いわら保育園
寺田　正美（てらだ・まみ）	企業研修講師
小野　京子（おの・きょうこ）	表現アートセラピー研究所

編著者略歴

三國牧子（みくに・まきこ）

アメリカ、ニューヨーク生まれ。
1987年、立教女学院短期大学幼児教育科卒業。
1997年、玉川大学文学部卒業。
小金井教会幼稚園教諭、Aoba Japan International School国語科教諭を経て
2012年、University of East Anglia 博士課程修了（Ph.D取得）。
2011年〜九州産業大学国際文化学部臨床心理学科准教授。
著書に『子育て支援カウンセリング』共著（図書文化社, 2008年）、『グループ臨床家を育てる』共著（創元社, 2011年）、『人間性心理学ハンドブック』分担執筆（創元社, 2012年）など。

本山智敬（もとやま・とものり）

大分県生まれ。
1998年、九州大学教育学部卒業。
2003年、九州大学大学院人間環境学府博士後期課程単位取得後退学。
2003年、西南学院大学学生相談室常勤カウンセラー。
2009年〜福岡大学人文学部講師。
2016年〜福岡大学人文学部准教授、University of Nottingham客員研究員（〜2017年）。
著書に『パーソンセンタード・アプローチの挑戦』共著（創元社, 2011年）、『心理臨床のフロンティア』共編著（創元社, 2012年）、『人間性心理学ハンドブック』分担執筆（創元社, 2012年）など。

坂中正義（さかなか・まさよし）

山口県生まれ。
1993年、埼玉大学教育学部卒業。
1997年、九州大学大学院教育学研究科博士後期課程（教育心理学専攻）退学。
1997年、福岡教育大学教育学部助手。
2009年、福岡教育大学教育学部教授。
2011年、博士（心理学）学位取得・九州大学。
2013年〜南山大学人文学部教授。
著書に『ベーシック・エンカウンター・グループにおけるロジャーズの中核3条件の検討』（風間書房, 2012年）、『傾聴の心理学——PCAをまなぶ：カウンセリング／フォーカシング／エンカウンター・グループ』編著（創元社, 2017年）、『［全訂］ロジャーズ——クライアント中心療法の現在』共著（日本評論社, 2015年）など。

監修者紹介

野島一彦（のじま・かずひこ）

熊本県生まれ。
1975年、九州大学大学院教育学研究科博士課程単位取得後退学。博士（教育心理学）。
福岡大学教授、九州大学大学院教授を経て、2012年から跡見学園女子大学文学部教授、2018年から同大学心理学部教授、九州大学名誉教授。
著書に『エンカウンター・グループのファシリテーション』（ナカニシヤ出版、2000年）など。
監修書に『グループ臨床家を育てる』（創元社、2011年）
『心理臨床のフロンティア』（創元社、2012年）などがある。

ロジャーズの中核三条件
〈共感的理解〉
カウンセリングの本質を考える③

2015年8月20日　第1版第1刷発行
2025年3月10日　第1版第12刷発行

監修者────野島一彦
編著者────三國牧子
　　　　　　本山智敬
　　　　　　坂中正義
発行者────矢部敬一
発行所────株式会社 創元社

〈本　社〉
〒541-0047　大阪市中央区淡路町4-3-6
TEL.06-6231-9010（代）　FAX.06-6233-3111（代）
〈東京支店〉
〒101-0051　東京都千代田区神田神保町1-2 田辺ビル
TEL.03-6811-0662
https://www.sogensha.co.jp/

印刷所────株式会社 フジプラス

©2015, Printed in Japan
ISBN978-4-422-11460-6 C3011

〈検印廃止〉

落丁・乱丁のときはお取り替えいたします。

装丁・本文デザイン　長井究衡

JCOPY 〈出版者著作権管理機構 委託出版物〉

本書の無断複製は著作権法上での例外を除き禁じられています。複製される場合は、そのつど事前に、出版者著作権管理機構（電話03-5244-5088、FAX 03-5244-5089、e-mail: info@jcopy.or.jp）の許諾を得てください。

『ロジャーズの中核三条件』を読むまえに

《パーソンセンタード・アプローチ》
All in One ガイダンス BOOK

傾聴の心理学

PCAをまなぶ

カウンセリング／フォーカシング／エンカウンター・グループ

創元社　2017年刊
A5判並製　212頁　本体2,300円＋税

本書の感想をお寄せください
投稿フォームはこちらから ▶▶▶